Le véganisme,
une idéologie du XXIe siècle

La collection *Suspension*
est dirigée par Jérémie Peltier

Dans la même collection :

Eva Bester, *Une époque mélancolique*
Pierre Brémond, *Brèves de sport*
Jonathan Curiel, *La société hystérisée*
Nicolas Goarant, *Le sommeil malmené*
Thierry Keller, Arnaud Zegierman,
Entre déclin et grandeur
Smaïn Laacher, *Ça me pèse*
Raphaël LLorca, *La marque Macron*
David Medioni, *Être en train*
David Medioni, *Éloge de la séduction*
Alexandra Profizi, *Le temps de l'ironie*
Laurent-David Samama, *Éloge de la défaite*
Laurent-David Samama, *Footporn*

www.editionsdelaube.com

ISBN 978-2-8159-4635-3

Adrien Dubrasquet

Le véganisme, une idéologie du XXIe siècle

éditions de l'aube

À Laurent Bouvet,
en amical hommage

« Comme la société du Moyen Âge s'équilibrait sur Dieu et sur le diable, ainsi la nôtre s'équilibre sur la consommation et sur sa dénonciation. Encore autour du Diable pouvaient s'organiser des hérésies et des sectes de magie noire. Notre magie à nous est blanche, plus d'hérésie possible dans l'abondance. C'est la blancheur prophylactique d'une société saturée, d'une société sans vertige et sans Histoire, sans autre mythe qu'elle-même. »

JEAN BAUDRILLARD, *La société de consommation*, 1970.

Glossaire

Crudivore : désigne le mangeur qui a adopté un régime consistant à ne se nourrir que d'aliments crus, afin d'en retirer des bénéfices en matière de santé. Si des végétariens et des végétaliens peuvent se réclamer du crudivorisme, ce régime peut également concerner des omnivores qui consommeront, en plus de fruits et de légumes crus, du poisson cru, de la viande séchée, etc.

Flexitarien : se définit ainsi une personne qui, si elle consomme tous types d'aliments, met en place de façon délibérée des stratégies d'évitement de la viande sur une partie de ses repas. Ce terme désigne un premier seuil de consommation engagée (ou responsable), le mangeur étant pleinement conscient des choix qu'il opère.

Omnivore : désigne une personne qui mange tous types d'aliments, qu'ils soient d'origine animale ou végétale. Il s'agit du « régime de base » de nos sociétés occidentales. L'omnivore tend de plus en plus à se définir comme tel sous l'effet de la poussée de régimes de consommation alternatifs.

Pescétarien : désigne une forme particulière du régime végétarien, le mangeur ne consommant plus comme source de protéines animales que des produits issus de la pisciculture. Concrètement, en plus de la viande, sont bannis le beurre, le lait et les œufs. Il s'agit le plus souvent d'un stade transitoire entre le régime végétarien et le régime végétalien (ou végan).

Végan[1] : le véganisme correspond à une extension du régime végétalien à tous les secteurs de la vie, puisque le végan, non seulement ne mange plus de produits d'origine animale, mais plus largement ne consomme plus le moindre produit composé d'intrants d'origine animale ou sollicitant une intervention animale dans sa vie courante : vêtements en laine, chaussures ou sacs en cuir, cosmétiques à base de gélatine de porc, médicaments testés sur des animaux, etc.

Végétalien : se définit ainsi le mangeur qui a banni de sa consommation tous produits d'origine animale. C'est un « stade » supérieur de non consommation de viande puisque l'individu ne mange plus que des produits d'origine végétale. Pour pallier les carences alimentaires d'un tel régime, notamment en vitamine B12, dont l'apport est assuré par

1. En conformité avec le bon usage et par commodité de lecture, nous avons francisé le terme *vegan*, d'origine anglo-saxonne. Tout au long de cet ouvrage, nous adoptons les formes *végan* au masculin et *végane* au féminin ; nous appliquons également la règle du pluriel. Par extension, nous écrivons *véganisme*.

des produits d'origine animale, le végétalien consomme des compléments alimentaires disponibles en pharmacie.

Végétarien : qualifie le mangeur qui a banni la viande de sa consommation, souvent pour des raisons liées à la lutte contre le réchauffement climatique ou à des préoccupations de santé. Le végétarien, en revanche, continue de consommer un certain nombre de produits d'origine animale, tels que le poisson et, dans la plupart des cas, le beurre, le lait ou les œufs.

Introduction

L'empire des « sans »

Depuis quelques années, se fait jour dans nos sociétés occidentales une tendance à l'évitement de certains produits de consommation. Le cas est particulièrement net au niveau de l'alimentation où l'on ne compte plus le nombre de régimes spéciaux apparus au cours des vingt ou trente dernières années. Végétariens, pescétariens, végétaliens, flexitariens, sans-gluten, crudivores, sans-lactose, etc. : l'alimentation devient le terrain privilégié d'expression d'une individualité, le marqueur d'un souci de distinction[1]. Le repas, traditionnel moment de convivialité, est désormais une épreuve redoutée durant laquelle chacun s'efforce de ne provoquer ni d'offenser aucun de ses commensaux. Selon une étude de l'Observatoire société et consommation de 2017 s'intéressant aux comportements alimentaires, 21 % des Français déclarent suivre un régime alimentaire permanent et la moitié d'entre eux avoue avoir modifié leurs habitudes alimentaires au cours des dernières années.

1. Nous excluons bien entendu de ces régimes alimentaires choisis ceux qui subissent une allergie.

Le véganisme est l'expression la plus radicale de cette tendance. Ses adeptes n'ont pas seulement décidé de s'exclure de la table commune en refusant de manger la moindre nourriture d'origine animale, ils refusent également d'utiliser tout bien de la vie courante dans la composition duquel entrent des produits d'origine animale. Au nom de leurs principes et de leurs valeurs, en conformité avec leur philosophie de vie et leur vision du monde, ils choisissent de vivre de façon alternative et forment ce qu'il convient d'appeler une contre-société.

La pensée végane se situe à la croisée des préoccupations contemporaines liées à la lutte contre le réchauffement climatique, à la libération animale et à l'hygiénisme. Au nom de la protection de la nature, les végans dénoncent l'exploitation des animaux par l'homme, et tout particulièrement l'élevage, qui serait à la fois un désastre écologique et une oppression caractérisée de l'homme sur l'animal. Le véganisme fait sien le discours antispéciste : il prône l'égalité entre toutes les espèces animales et l'espèce humaine, et lutte donc contre le *spécisme*, c'est-à-dire « une idéologie qui justifie et impose l'exploitation et l'utilisation des animaux par les humains de manières qui ne seraient pas acceptées si les victimes étaient humaines[1] ». La fin

1. Cette définition a longtemps figuré en quatrième de couverture des *Cahiers antispécistes* dont nous reproduisons ici le texte en entier, puisqu'il peut être lu comme un manifeste du mouvement de libération animale : « Le spécisme est à l'espèce ce que le racisme et le sexisme sont respectivement à la race et au sexe : la volonté de ne pas prendre en compte (ou de moins

de l'oppression de l'homme sur l'animal entraînerait la fin de la consommation de produits d'origine animale dans tous les domaines au bénéfice de produits exclusivement d'origine végétale. Cette assertion est confortée par un ensemble de discours hygiénistes dénonçant les méfaits de la consommation de viande sur la santé humaine ou évaluant les bienfaits d'une alimentation uniquement composée de végétaux. Plus qu'un discours de rupture qui met systématiquement en accusation l'organisation de notre société et sa hiérarchie de valeurs, notre culture et notre art de vivre, la pensée végane vise à l'édification d'une nouvelle société, régie par ses propres principes inspirés notamment de l'antispécisme, portée par un réseau de valeurs nourri par la pensée animaliste et écologiste radicale, et aujourd'hui incarnée dans une série de produits de consommation conformes à l'éthique prônée par ses militants.

---

prendre en compte) les intérêts de certains au bénéfice d'autres, en prétextant des différences réelles ou imaginaires mais toujours dépourvues de lien logique avec ce qu'elles sont censées justifier.

En pratique, le spécisme est l'idéologie qui justifie et impose l'exploitation et l'utilisation des animaux par les humains de manières qui ne seraient pas acceptées si les victimes étaient humaines.

Les animaux sont élevés et abattus pour nous fournir de la viande ; ils sont pêchés pour notre consommation ; ils sont utilisés comme modèles biologiques pour nos intérêts scientifiques ; ils sont chassés pour notre plaisir sportif.

La lutte contre ces pratiques et contre l'idéologie qui les soutient est la tâche que se donne le mouvement de libération animale. »

Encore extrêmement minoritaire, ce mouvement gagne chaque année en influence et séduit de plus en plus. Plusieurs faits bruts interpellent sur la vitesse de croissance du véganisme et l'ampleur de ce phénomène. Au cours de la dernière décennie, le nombre de recherches incluant le mot « végan » sur Google a été multiplié par cinq. Un détour par les réseaux sociaux nous révèle que l'on recense sur Instagram plus de cent quinze millions de publications marquées du hashtag #vegan, contre cent soixante millions seulement pour le hashtag #christmas ou cent trente millions pour le hashtag #paris, première ville touristique mondiale.

Malgré le faible nombre de consommateurs se revendiquant végans dans le monde, le mouvement végan envahit la toile et occupe une place toujours plus importante dans les médias. À titre d'exemple, on ne recense aucun article en 2009 dans *Le Monde* évoquant, même marginalement, le mouvement végan, alors qu'on en compte plus d'une soixantaine dix ans plus tard. Les rayons consacrés aux livres de recettes véganes ne cessent de croître, mois après mois, année après année, dans les Fnac, les Leclerc Culture ou autres distributeurs. Les principales enseignes commerciales, notamment dans les grandes agglomérations où se concentre la majorité des consommateurs végans, ont désormais mis en place un rayon spécifiquement dédié aux produits sans intrants d'origine animale. Dans le milieu de l'édition, on notera que la célèbre collection « Que sais-je » accueille depuis 2017 un ouvrage consacré au véganisme[1]

1. Valéry Giroux, Renan Larue, *Le véganisme*, Paris, Presses Universitaires de France, 2017.

et qu'il existe un guide du *Petit Futé*[1] recensant département par département, commune par commune, tous les commerces et restaurants végans. Enfin, dernièrement, un restaurant végan, logiquement baptisé ONA (pour Origine non animale), a obtenu pour la première fois une étoile au *Guide Michelin*. Au-delà de l'aspect anecdotique que peut revêtir ce catalogue à la Prévert, on voit que la pensée végane se diffuse de plus en plus largement au sein de notre société et contribue, subrepticement, à la transformer.

La consommation de viande en France a baissé de 12 % au cours de la dernière décennie[2] et 50 % des Français disent avoir réduit leur consommation de produits carnés au cours de l'année 2018[3]. Selon une étude de 2016, 46 % des personnes interrogées souhaitaient que les restaurants proposent un ou deux plats végans à leur carte[4]. Les ventes de produits végans dans les grandes et moyennes surfaces ont progressé de 24 % en 2018, et devraient continuer à croître

1. Dominique Auzias, Jean-Paul Labourdette, *Guide du végan en France 2018*, Paris, Petit Futé, 2017.
2. Cécile Bouanchaud, « La consommation de viande en France recule depuis 10 ans », *Le Monde*, 6 septembre 2018.
3. FranceAgriMer, « Combien de végétariens en Europe ? », Synthèse des résultats à partir de l'étude « Panorama de la consommation végétarienne en Europe », réalisée par le CRÉDOC pour FranceAgriMer et l'OCHA en 2018.
4. CHD Expert, « La tendance vegan » (étude), septembre 2016.

de 17 % entre 2019 et 2021[1]. Plusieurs travaux ont été réalisés ces dernières années pour évaluer l'ampleur de cette transformation. Le Centre de recherche pour l'étude et l'observation des conditions de vie (CRÉDOC), dans une étude pour FranceAgriMer et l'Observatoire CNIEL des habitudes alimentaires (OCHA), menée conjointement en France, en Allemagne, au Royaume-Uni et en Espagne en 2018, estime que 5,2 % de Français seraient végétariens, végétaliens ou végans et 20 % flexitariens. Plus spécifiquement, 0,4 % de la population bannirait complètement de sa consommation les produits d'origine animale et serait végane. Plus largement, cette étude montre qu'un quart de la population française affiche ouvertement une identité alimentaire impliquant une stratégie d'évitement de la viande. Ces chiffres sont confirmés par une importante étude menée en 2020 par l'IFOP pour FranceAgriMer auprès de quinze mille personnes visant à quantifier les « stades » de non-consommation de viande : 24 % des sondés se déclarent flexitariens, 2,2 % d'entre eux ont mis en place des stratégies d'évitement total de la viande, dont 0,3 % qui suivent un régime végan[2].

Ces travaux offrent également des indications utiles sur le profil sociologique des individus qui se revendiquent végans ou qui adoptent des

1. XERFI, « Le marché de l'alimentation végétarienne et végane », mars 2020.
2. FranceAgriMer, « Végétariens et flexitariens en France en 2020 », enquête IFOP pour FranceAgriMer, 20 mai 2021.

comportements alimentaires excluant totalement ou partiellement la consommation de produits d'origine animale. Il s'agit majoritairement de personnes jeunes, âgées de 15 à 34 ans, issues de catégories socioprofessionnelles supérieures et résidant en milieu urbain dans des agglomérations de plus de cent mille habitants. Le genre joue également un rôle déterminant, puisque les femmes sont plus enclines à adopter ce type de régime. Par ailleurs, la structure du foyer a une grande influence sur les choix et les pratiques alimentaires : la présence d'une compagne, ou d'un compagnon, ou celle d'enfants nécessite de faire des compromis qui satisfassent l'ensemble des membres du foyer et peut constituer un frein à l'adoption de tels régimes particulièrement contraignants. Ainsi, plus de la moitié des personnes excluant totalement la consommation de viande de leur alimentation sont célibataires et un tiers d'entre elles vivent seules et sans enfant. Ces personnes se distinguent également par un plus fort taux d'engagement associatif et politique que le reste de la population : elles militent le plus souvent en faveur de la défense des animaux ou de la protection de l'environnement.

Ce faisceau d'indices traduit l'importance des transformations qui s'opèrent dans les sociétés occidentales. Conformément aux théories de diffusion de l'innovation et aux enseignements que l'on peut tirer de l'histoire récente, les principales évolutions sociétales suivent toutes le même schéma : elles naissent dans les principaux centres urbains, y prennent leur essor puis se diffusent sur l'ensemble du territoire. Il est donc légitime de soutenir, sans crainte véritable de se fourvoyer, que le véganisme connaîtra une influence croissante dans les décennies voire les années à venir.

Le retour de l'idéologie ?

Qu'est-ce que le véganisme exactement? Est-ce un effet de mode passager et appelé à céder la place à une nouvelle tendance d'ici quelques années ? Il est certain qu'il y a un engouement pour le véganisme aujourd'hui, porté par une littérature abondante, encouragé par des influenceurs et des célébrités et soutenu par une offre de produits toujours plus large et plus variée : nombreuses sont les personnes qui s'essayent au véganisme, par curiosité ou par effet d'entraînement, sans pour autant en adopter durablement les pratiques. Toutefois, l'ampleur du mouvement, l'abondance des produits végans tout comme les prospectives réalisées par les industriels et les distributeurs invitent à penser qu'il s'agit d'un phénomène de société durable. Il est le résultat d'une tendance de fond qui se dessine depuis plusieurs années et qui est amenée à occuper une place croissante dans le débat public.

Serait-ce alors un courant d'opinion, destiné à peser plus ou moins lourd dans le débat d'idées, au même titre que le discours anti-IVG, la pensée souverainiste ou le féminisme radical ? Assurément, il y a une cause végane qu'embrasse plus ou moins ouvertement et plus ou moins consciemment un pan de plus en plus large de la population occidentale. La cause animale gagne chaque jour de nouveaux adeptes et les revendications pour mettre fin à l'élevage intensif, à la production de fourrure, à l'utilisation d'animaux dans les cirques ou dans les laboratoires se font plus fortes. La lutte contre le réchauffement climatique devient un combat toujours plus partagé et le souci d'une consommation de biens et de services plus durables et plus éthiques se généralise au sein des différentes couches de la population. Mais le véganisme ne se réduit pas à un ensemble d'idées politiques : il implique également une culture, des modes de consommation, des manières d'habiter le monde alternatives.

Le véganisme serait-il alors un séparatisme ? Il peut s'apparenter, en effet, à un mouvement révolutionnaire puisqu'il prône la construction d'une société alternative, radicalement différente de celle dans laquelle nous vivons actuellement. Animé par la philosophie antispéciste, il est porteur d'une nouvelle conception de la place et du rôle de l'homme sur terre, où celui-ci ne serait qu'un animal – certes humain, mais animal avant tout – parmi d'autres et serait tenu de cohabiter harmonieusement avec les autres espèces, sans instaurer une quelconque hiérarchie entre elles ni même le moindre rapport de domination à leur égard.

Se réclamer du véganisme implique de vouloir abandonner toute consommation de produits ou de services liés aux animaux et donc de mettre un terme à l'élevage, à la chasse et à la pêche, cela va sans dire, mais aussi de cesser d'avoir des animaux de compagnie. Pour autant, il n'ambitionne pas d'être seulement un mouvement de rupture ou le courant d'expression d'un désaveu de la société actuelle et du monde tel qu'il va. Au contraire, il promeut la constitution d'un homme nouveau, défait de toute tentation d'oppression envers ses nouveaux pairs, les animaux, et promet un avenir radieux, débarrassé de la menace du réchauffement climatique qui serait exclusivement lié à des activités anthropiques, au premier rang desquelles l'industrie agroalimentaire.

Et si le véganisme était une idéologie ? Le mot est lâché – et il importe de bien mesurer toutes les conséquences et significations d'un terme trop souvent employé à tort et à travers.

On connaît la célèbre définition qu'en donne Hannah Arendt dans *Le système totalitaire* :

> Une idéologie est très littéralement ce que son nom indique : elle est la logique d'une idée. Son objet est l'histoire, à quoi « l'idée » est appliquée ; le résultat de cette application n'est pas un ensemble d'énoncés sur quelque chose qui est, mais le déploiement d'un processus perpétuellement changeant. L'idéologie traite l'enchaînement des événements comme s'il obéissait à la même « loi » que l'exposition de son « idée »[1].

Une idéologie n'est pas seulement un projet de transformation de la société, de construction d'un monde meilleur. Le véganisme, on l'a dit, est porteur d'un idéal révolutionnaire : il souhaite construire un monde dans lequel les hommes n'utiliseront et ne consommeront plus aucun produit d'origine animale. Luttant contre une organisation sociale née il y a quelque dix mille ans avec la naissance de l'élevage, il souhaite « casser en deux l'Histoire du monde », pour reprendre

1. Hannah Arendt, *Le système totalitaire ; les origines du totalitarisme*, Paris, Seuil, 2005, p. 295-296.

l'expression nietzschéenne. Mais surtout, le véganisme a une dimension analytique. Il véhicule un langage et des codes spécifiques, des représentations et un imaginaire qui lui sont propres. Il offre une grille de lecture du monde, il donne un sens à l'Histoire. Mieux, le véganisme est porteur d'une promesse. Il n'indique pas seulement le sens de l'Histoire, il en dessine la fin : celle d'une espèce humaine qui a réussi à se sauver du changement climatique en évoluant moralement dans sa relation aux autres animaux et physiquement dans ses modalités de consommation.

Une des particularités de l'idéologie végane est qu'elle prend racine dans les sociétés occidentales à un moment où nous pensions en avoir fini avec les idéologies. Il y a trente ans s'effondrait l'empire soviétique. Dans le sillage de Francis Fukuyama, intellectuels et politiques annonçaient qui « la fin de l'histoire », qui la « fin du politique » (Jean Birnbaum), qui la fin de « l'ère des idéologies » (Claude Lefort). Or, les événements ont fait mentir ces assertions. La chute du communisme en Occident a, en fait, précipité un vaste mouvement de recomposition du champ idéologique : les discours islamistes ont trouvé un terreau nouveau sur les décombres de l'athéisme militant, les discours écologistes sont progressivement venus interroger nos logiques matérialistes et industrialistes, les discours identitaires promouvant une « lutte des races » se sont substitués aux théories de la lutte des classes, les discours dénonçant l'exploitation des travailleurs ont laissé place à ceux luttant contre l'exploitation des animaux. Assurément, nous n'en avons pas fini avec les idéologies, ni avec le politique et encore moins avec l'Histoire.

Avec acuité, Claude Lefort, dans son article « L'ère de l'idéologie », notait que la chute du communisme et le triomphe du modèle libéral clôturaient les grands affrontements idéologiques, mais ne signifiaient pas la fin des idéologies pour autant : celles-ci allaient trouver un autre mode d'expression, un autre terrain de lutte ; elles s'inscriraient dans une partition nouvelle, une tonalité inédite. Des idéologies *mezza voce*, pour ainsi dire.

> Pour la première fois, sans doute, naît une critique, qui n'est pas la propriété de quelques individus, qui chemine dans des groupes multiples, encore obscurément, dont quelques grandes révoltes de jeunes ont porté la marque. Critique ambiguë, toujours prête, sans doute, à se réinscrire dans le champ de l'idéologie, mais dont la portée dépasse les expressions de fait, parce qu'elle met en évidence l'impuissance du discours dominant à affirmer sa légitimité. Elle ne porte pas, croyons-nous, contre une forme particulière de pouvoir, contre un régime socio-économique particulier, elle s'attaque à ce que les Anglo-Saxons nomment l'Establishment, le modèle même de l'organisation, de la rationalité scientifico-technique, de la consommation. Elle fait vaciller le pouvoir de la représentation et resurgir la question de l'être du social[1].

Le véganisme est une idéologie qui vient après l'âge des idéologies. Il acte le fait que le

1. Claude Lefort, « L'ère de l'idéologie », *Encyclopédie Universalis, Symposium – Les enjeux*, tome 2, 1994, p. 1284.

libéralisme est « l'idéologie de la fin des idéologies[1] », mais ne se résout ni à la fin de l'histoire ni à celle du politique. C'est donc dans le cadre de nos sociétés libérales, dans le moule de nos institutions et dans les limites de la société de consommation qu'il promeut une société alternative, plus égalitaire, plus durable, plus morale. C'est un projet politique révolutionnaire, qui ne prétend pas renverser le système institutionnel politique et économique ni même (pour le moment du moins) ne cherche à obtenir le pouvoir, mais qui veut imposer un *régime de consommation* qui a une dimension politique. Contrairement aux mouvements révolutionnaires qui ont traversé le xxe siècle, le mouvement végan cherche seulement à transformer radicalement nos pratiques de consommation. Ou plus exactement, il vise à transformer la société en révolutionnant notre consommation.

Politique de l'assiette

Le véganisme est une idéologie pour le xxie siècle. Il est porté par ceux qui feront le xxie siècle : les végans, on l'a vu, ont dans leur grande majorité moins de 35 ans. Ils appartiennent à la génération qui est née et a grandi après la chute du mur de Berlin, qui n'a pas connu la guerre froide ni vécu dans un monde tiraillé entre deux grandes idéologies concurrentes. Ils sont de cette génération qui ne connaît, pour tout horizon, que la société de consommation.

---

1. Laurent Bouvet, « Comprendre l'idéologie », *iphilo.fr*, 16 septembre 2017.

Sociologues et politologues, essayistes et intellectuels ont depuis longtemps entrepris de décrire cette génération née entre les années 1980 et les années 2000. Plusieurs dénominations ont été avancées. Pour les uns ce sont les fameux « millenials », pour d'autres la « génération Y ». Certains avancent l'appellation « génération We[1] », en référence à son désir de changer le monde pour toujours, quand d'autres hasardent la dénomination « génération C », pour signifier son tropisme en matière de communication, collaboration, créativité et connectivité. Au fond, le nom importe moins que les traits saillants communément attribués à cette génération. Elle est née avec l'essor des nouvelles technologies et de l'ère internet, ce sont les *digital natives*[2]. Elle a grandi à une période où les préoccupations écologiques occupaient une place croissante dans le débat public, et par voie de conséquence, dans les programmes scolaires. Elle a été éduquée dans un contexte de résurgence des menaces « biologiques », au sens large : Sida, vache folle et autres vagues d'épidémies mondiales. Enfin, elle se distingue par son caractère individualiste affirmé.

C'est d'ailleurs une des caractéristiques du véganisme, contrairement aux grandes idéologies du XXe siècle, de pouvoir être à la fois mené à l'échelle individuelle et porté au niveau collectif. Alors que le communisme, par exemple, ne pouvait se penser et se réaliser qu'au niveau de la société, chacun peut, dès à présent, à titre

1. Eric Greenberg, Karl Weber, *Generation We*, Emeryville, Pachatusan, 2008, 247 p.
2. « Natifs du numérique », en anglais.

individuel, adopter un mode de vie végan et être un acteur du changement collectif. C'est une idéologie adaptée à une société d'individus indépendants les uns des autres, qui agissent de façon autonome. En cela, c'est un projet politique pour notre époque, qui passe par de nouvelles formes d'engagement. Le temps du militantisme au sein des partis politiques de masses est révolu. Dorénavant, individualisme oblige, l'engagement politique se fait de moins en moins au sein d'un collectif, mais de plus en plus à titre individuel, au travers de la consommation. Exprimer son attachement à la cause écologique, par exemple, passe désormais beaucoup plus par la consommation de produits biologiques ou l'adoption d'un mode de vie durable que par l'adhésion et le militantisme partisans.

Ce rapport à la consommation est sans un doute un trait spécifique à cette génération qui a grandi durant la période des « Trente Génériques[1] », pour reprendre l'expression de Jean-Laurent Cassely, qui qualifie ainsi les trois décennies (de 1980 à 2010) qui ont succédé aux Trente Glorieuses. « L'un des traits marquants de cette période générique, note-t-il, c'est d'être paradoxalement dénuée de caractère marquant, de constituer un nouveau décor sans rupture bien nette avec le précédent[2]. » Pour autant, il constate que d'importantes transformations souterraines se sont opérées durant cette période : « Les années génériques sont la période au cours

1. Jean-Laurent Cassely, *No fake*, Paris, Arkhê, 2019.
2. *Ibid.*, p. 70.

de laquelle l'influence de l'État et des grandes institutions politiques et spirituelles décline, laissant ainsi une place croissante aux mécanismes de l'économie de marché[1]. » Quelques moments clés jalonnent cette période. En 1979 s'ouvrent ainsi le premier restaurant McDonald's en France et en 1981 le premier magasin Ikea. L'année 1992 voit l'inauguration du parc d'attractions Eurodisney à Marne-la-Vallée. Le premier iPod est lancé en 2001 et le premier iPhone en 2007. Du fait de l'affaissement des principales institutions politiques et sociales qui structuraient la société, les individus nés durant les Trente Génériques s'affirment au travers de la consommation. Les produits de consommation, en plus de leur dimension strictement utilitaire, revêtent une dimension identitaire : « Je suis ce que j'achète ».

La génération des Trente Génériques, dans laquelle le mouvement végan puise ses principales ressources, est la première génération à tisser de façon aussi systématique un lien entre construction de son identité individuelle, consommation personnelle et engagement politique. Et la grande nouveauté, née à la fin des années 2000, à savoir l'apparition des réseaux sociaux (Facebook arrive en France en 2008 et Instagram en 2010), permet d'afficher et de partager cette démarche inédite de construction d'une individualité au travers de la consommation de façon continue. On ne consomme plus seulement des produits, mais également des valeurs. Partager la photo

1. *Ibid.*, p. 75.

de son dernier achat ou de son dernier repas sur Instagram est une opération de transsubstantiation : on met littéralement son produit *en valeur*. Un végan adhère à une idéologie particulière, mais son militantisme se fait essentiellement au travers de ses pratiques de consommation et de ses modalités de discrimination des produits en fonction de leur taux d'éthicité, de leur valeur propre, de leur conformité idéologique. C'est un consommateur engagé.

Le consommateur engagé multiplie les « petits gestes » qui doivent changer le monde, à défaut de le sauver. Aussi l'alimentation occupe-t-elle une place de choix, pour des raisons pratiques autant que symboliques. À raison de trois repas par jour en moyenne, il s'agit de l'acte de consommation le plus courant et d'une manière relativement simple de réitérer ses principes et ses valeurs. Surtout, il s'agit d'un acte symbolique très fort, puisque l'on ingère un aliment et les propriétés qui lui sont associées. « Dis-moi ce que tu manges, je te dirai qui tu es », affirmait le critique gastronomique du XVIIe siècle Brillat-Savarin. Choisir ses aliments, revendiquer son alimentation, c'est manifester son adhésion à une communauté de valeurs et son appartenance à une communauté d'individus[1].

---

1. C'est ce que note très justement le sociologue Claude Fischler dans son ouvrage majeur *L'homnivore*, Paris, Odile Jacob, 2001, p. 69 : « Ce n'est pas seulement que le mangeur incorpore les propriétés de la nourriture : symétriquement, on peut dire que l'absorption d'une nourriture incorpore le mangeur dans un système culinaire et dans le groupe qui le pratique,

Notre assiette est politique. De plus en plus d'individus dans notre société adoptent, de façon plus ou moins consciente, affichée ou affirmée, des pratiques alimentaires contraignantes : l'un veillera à consommer le plus possible de produits bios, l'autre s'assurera que les aliments qu'il consomme soient majoritairement d'origine locale ; celui-ci mettra un point d'honneur à manger halal, quand celle-ci fera la démonstration de son engagement végan. Sociologues et politologues s'intéressent depuis plusieurs années à ce qu'ils appellent le *food activism*, aux différentes formes de consommation alimentaire engagée. Or, trop souvent, cette forme d'engagement est réduite à un mouvement de protestation économique ou sociale, en faveur du commerce équitable, de la transition écologique, de la défense de notre souveraineté alimentaire, etc. Il nous semble, et le cas est particulièrement flagrant avec la question du véganisme, que cette consommation engagée dépasse largement la seule question économique et sociale, et revêt une dimension culturelle et identitaire. Ou, pour le dire autrement, cette attention portée aux produits que nous consommons n'interroge pas seulement nos méthodes de production ou nos relations marchandes, mais notre conception de la société et la place de l'homme dans le monde.

Un régime alimentaire, c'est d'abord un discours politique et philosophique qui propose une vision du monde globale ; et plus celui-ci est

---

à moins qu'il l'en exclue irrémédiablement. Mais il y a davantage, à un système culinaire s'attache ou correspond une vision du monde, une cosmogonie. »

contraignant et exclusif, plus celui-là est structuré et cohérent. C'est pourquoi, plutôt que de parler de *food activism*, nous préférons employer la notion d'*orthorexie*[1] pour expliquer le développement croissant de pratiques alimentaires normatives et surtout penser le phénomène dans sa globalité. En effet, malgré leur grande diversité, ces nouvelles orthorexies se caractérisent par le fait qu'elles partagent un fonctionnement similaire. Elles s'appuient sur des dispositifs de légitimation semblables : ces différents régimes alimentaires sont adossés à des visions du monde. La consommation halal s'appuie sur des prescriptions religieuses, le militant végan sur un discours philosophique visant à poser une équivalence entre l'animal et l'homme, le mouvement « bio » sur un projet économique alternatif plus ou moins radical. L'orthorexie est d'abord une orthodoxie.

Cette dimension identitaire et politique de l'alimentation a toujours existé : il n'est qu'à voir les différentes pratiques alimentaires entre les pays qui sont le reflet de différences culturelles plus ou moins prononcées. La société de consommation a cependant renforcé cette tendance, puisque l'abondance de biens qu'elle génère a rendu la question nutritionnelle moins

1. Ce terme a initialement une dimension médicale et désigne des pratiques d'alimentations jugées saines, en opposition à l'anorexie par exemple. Nous lui donnons ici une signification exclusivement politique, défaite de toute référence médicale, l'orthorexie signifiant ici le fait de manger conformément aux prescriptions idéologiques.

prégnante : la question qui se pose au consommateur n'est plus de pouvoir manger, mais de choisir quoi manger. Dès lors, l'alimentation a une dimension ostentatoire. Et dans un pays qui a érigé la gastronomie et l'art de la table au rang de trésor national, plus qu'ailleurs, l'assiette est politique.

C'est pour cette raison que le véganisme, bien qu'il soit encore un mouvement extrêmement minoritaire, rencontre autant d'écho dans la société française. Parce qu'il ne rejette pas seulement la viande, mais aussi le poisson, les produits laitiers, les œufs et même le vin[1], le discours végan interroge directement une partie de l'identité française. Il bouleverse les « manières de table », en particulier dans une société où le repas a une dimension communielle, où l'ensemble des commensaux mange et partage les mêmes plats. La table française, ainsi que l'a montré l'historien Pierre Birnbaum, est une reproduction en miniature de la nation française : la passion de l'égalité et la quête de l'unité qui caractérisent notre pays se retrouvent jusque dans l'assiette où les particularismes alimentaires ont toujours été regardés

1. Bien qu'il soit exclusivement composé des jus des raisins, le vin nécessite en effet de recourir à des produits d'origine animale au moment de son élaboration. Lorsque la fermentation et le vieillissement est terminé, il est nécessaire de clarifier le vin avant de le mettre en bouteille. Il s'agit de l'étape dite du « collage », qui consiste à faire couler du blanc d'œuf dans le vin de façon que les particules et levures en suspension dans le liquide se collent au blanc d'œuf. Il existe donc des vins végans qui réalisent cette étape de la vinification avec des intrants végétaux.

avec méfiance[1]. Les polémiques sur les menus dans les cantines scolaires qui émaillent régulièrement l'actualité depuis plusieurs années en sont la parfaite illustration : les préoccupations nutritionnelles y tiennent bien peu de place. Ce qui est en jeu, c'est la « table commune », le « manger ensemble ».

La tentation du séparatisme – ou son corollaire, la mise en péril d'un art de vivre traditionnel – est l'accusation qui est classiquement portée au mouvement végan en France. Elle n'est pas complètement infondée, car le véganisme porte en lui une dynamique de distinction sociale et emprunte largement au registre du discours déconstructiviste, comme le révèle la sociologie des végans et des principaux représentants du mouvement. En revanche, elle est assurément incomplète et peine à embrasser la totalité du phénomène. Le véganisme est bien plus qu'un régime alimentaire particulièrement contraignant et clivant : il cristallise un certain nombre de problématiques qui structurent depuis quelques années le débat public, comme la lutte contre le réchauffement climatique, la cause animale ou la gestion du risque sanitaire, et offre un discours globalement cohérent. C'est ce constat qui a présidé à la rédaction de cet essai.

Animé par la passion de l'égalité, s'offrant de stopper le réchauffement climatique et promettant une vie meilleure, à la fois plus saine et plus morale, le véganisme est tout autant une grille d'interprétation du monde qu'un programme

1. Pierre Birnbaum, *La République et le cochon*, Paris, Seuil, 2013.

de transformation de la société à laquelle il offre une perspective de salut. C'est tout à la fois un discours analytique, pragmatique et eschatologique. Mais le véganisme est rarement perçu comme tel, et plus particulièrement en France où la dimension alimentaire prend le pas sur le reste, car il diffère des grandes idéologies qui ont structuré le XXe siècle : son combat se joue non plus sur le terrain politique, mais sur la place du marché. L'expression des revendications politiques se fait au sein de la société de consommation. Des questions éminemment politiques s'il en est, à l'instar de la lutte contre le réchauffement climatique ou de la relation de l'homme à l'animal, trouvent leur traduction non pas sous la forme d'un discours politique classique, mais de pratiques d'achat alternatives. C'est un bréviaire de consommation qui tient lieu de corpus idéologique.

Le véganisme révèle l'ampleur des transformations souterraines de nos sociétés et son succès croissant trahit les idées et les dynamiques qui travaillent en profondeur l'Occident, comme les secousses sismiques, de moindre ou de grande ampleur, sont les conséquences de la tectonique des plaques. Le véganisme est ce discours de révolte, cette critique ambiguë, pour reprendre les mots de Claude Lefort, qui vient *inquiéter* notre société, son organisation, ses institutions. Et c'est très précisément l'objet de cet essai, de tenter d'analyser cette inquiétude qui gagne nos sociétés, de raconter ce trouble qui, depuis quelques années, s'empare de l'Occident.

1
La grande promesse du véganisme

Vers une société végane

À quoi ressemblerait une société végane ? C'est un exercice auquel s'est essayé le militant végan Olivier Rognon dans un petit livre intitulé *Vers une société végane ; après-demain, l'abolition*[1]. Il imagine la vie en France, au lendemain de la victoire électorale d'une coalition composée de « la gauche radicale, des animalistes et d'une partie des écologistes qui ne considéraient pas les animaux comme des spécimens indifférenciés et interchangeables de leur espèce mais comme des individus ayant une personnalité propre[2] ».

Une des premières mesures mises en place consiste à inscrire dans la Constitution la « préservation des Biens communs » et le « respect du Vivant », et à en faire ainsi de nouveaux principes fondamentaux. Leur application a pour conséquence, entre autres, l'interdiction de tuer ou

---

1. Olivier Rognon, *Vers une société végane ; après-demain, l'abolition*, Toulouse, Mélibée, 2018.
2. *Ibid.*, p. 30.

d'exploiter des animaux et entraîne la progressive conversion de la société française vers le véganisme. Cette révolution se fait en plusieurs étapes :

> Il fut alors possible d'instaurer une politique réformiste visant à améliorer le sort des animaux non humains, avec des retombées environnementales et de santé publique non négligeables : taxation de la viande, diminution puis arrêt des subventions à l'élevage (d'abord industriel puis dans sa totalité), ainsi qu'à la pêche, aides aux reconversions dans d'autres secteurs professionnels et incitations des jeunes à choisir des formations dans d'autres filières [...]. À l'image du tabac, l'étiquetage « Manger de la viande tue » fut rendu obligatoire sur tous les produits carnés, puis de façon similaire sur ceux contenant des produits laitiers ou des œufs. Toutes ces étapes permirent de réduire grandement la souffrance animale, ainsi que la consommation de produits et sous-produits animaliers qui redevenaient ce qu'ils étaient avant l'élevage industriel et les subventions : des produits de luxe réservés à la frange la plus aisée de la population, avec un prix tenant enfin compte de leur véritable coût. Cette réalité d'une nourriture à deux vitesses, où la viande de qualité et les sous-produits animaliers étaient réservés à une élite, fit prendre conscience de leur caractère anti-démocratique et se rajouta au rejet de l'exploitation et de la mort animales. L'alimentation se végétalisa en proportion spectaculaire et les restaurants et magasins diffusant des aliments ou des vêtements produits sans passer par l'intermédiaire de l'élevage se multiplièrent de façon exponentielle[1].

1. *Ibid.*, p. 39.

Puis, à l'issue de ce train de réformes qui a progressivement changé les habitudes de consommation, une loi instituant « l'abolition de l'usage des animaux non humains » est adoptée. En préférant le terme « usage » à celui d'« exploitation », la loi englobe non seulement les pratiques d'élevage, mais aussi toutes les activités de loisir impliquant des animaux (la pêche récréative, la corrida, les cirques avec les animaux, les zoos, etc.). Elle met également fin aux animaux de compagnie. Désormais, et malgré d'importantes résistances qui parviennent à se résoudre, la phase révolutionnaire est achevée : la France est devenue un pays végan et fait figure de pionnière dans le monde.

Commence alors la partie sans doute la plus intéressante de la fiction politique d'Olivier Rognon puisqu'il imagine le fonctionnement quotidien de cette nouvelle société française. Tous les secteurs de la société et toutes les institutions sociales, politiques et juridiques sont concernés et connaissent des évolutions substantielles. Toutes les politiques publiques, toutes les décisions sont élaborées à l'aune du respect de l'environnement et du respect des animaux. Du côté de la justice, les animaux ne devant plus être tués, « les équivalents juridiques d'homicide, de crime contre l'humanité, de crime raciste ou d'incitation à la haine raciale furent créés : les tribunaux eurent désormais à traiter de biocides (meurtres d'un ou plusieurs êtres vivants), de crimes contre le vivant, de crimes spécistes et d'incitations à la violence spéciste[1] ».

1. *Ibid.*, p. 50.

En matière économique, une politique qualifiée d'écosocialiste est mise en œuvre. Elle assure la reconversion des emplois liés à l'élevage ou à la transformation des produits d'origine animale. Elle veille à la redistribution des « millions d'hectares de terres auparavant utilisés pour les pâtures et la production d'aliments pour les animaux d'élevage[1] »: toute personne qui en fait la demande se voit attribuer un hectare à vie et transmissible afin d'y construire une microferme et de produire une alimentation exclusivement végétale, bien entendu.

La vie politique connaît plusieurs innovations. Une citoyenneté animale est ainsi créée: elle ne se confond pas avec la citoyenneté humaine, précise Olivier Rognon, elle est « une sorte de citoyenneté accompagnée par des personnes qui [vivent] avec [les animaux] et [peuvent] ainsi prendre réellement leurs intérêts en compte[2] ». Cet élargissement inédit de la société civile se double de l'instauration d'une nouvelle déclaration « des droits de l'Humain et des autres Animaux », qui instaure une « égalité de prise en compte des intérêts de tous les animaux, humains et non humains », et a pour principale conséquence « une représentation des animaux non humains par des humains[3] » au Parlement, dans les collectivités et même dans les services publics.

Si la description de cette société végane imaginaire pourrait être poursuivie, l'essentiel du projet politique est ici résumé et appelle d'ores

1. *Ibid.*, p. 66.
2. *Ibid.*, p. 58.
3. *Ibid.*, p. 59.

et déjà trois remarques qui feront l'objet des pages suivantes et permettront de mieux qualifier et saisir la spécificité et l'originalité de cette idéologie : le véganisme interroge notre rapport à l'égalité, le rôle du marché dans l'évolution de la société ainsi que notre conception du progrès.

Une passion, l'égalité

S'il est habituel de souligner qu'une idéologie se caractérise avant tout par sa dimension systématique, par la cohérence globale du discours sur le monde et les institutions qu'elle porte, il est plus rare de rappeler qu'il s'agit avant tout d'un discours passionné, et partant, polémique. Les idéologies ont une charge affective qui participe pleinement de leur puissance et de leur attrait.

Jean Baechler définit l'idéologie comme un ensemble de discours grâce auxquels « une passion cherche à réaliser une valeur par l'exercice du pouvoir dans la société[1] ». Raymond Aron insiste également sur cet aspect trop souvent négligé en rappelant qu'« une idéologie suppose une mise en forme apparemment systématique de faits d'interprétations, de désirs, de prévisions[2] ». À la différence d'autres discours d'inspiration écologiste, par exemple, le véganisme se distingue par sa dimension passionnelle à réaliser l'égalité entre les animaux et les hommes. Si les végans ne consomment pas de produits

1. Jean Baechler, *Qu'est-ce que l'idéologie ?*, Paris, Gallimard, 1976.
2. Raymond Aron, *L'opium des intellectuels*, Paris, Fayard, 2010, p. 317.

d'origine animale, c'est d'abord et avant tout parce qu'ils y voient l'expression d'une inégalité fondamentale entre les espèces. Et c'est la résolution de cette inégalité qui doit rétablir une forme d'équilibre, notamment en matière de réchauffement climatique.

La pensée végane est caractéristique de l'idéal démocratique théorisé par Tocqueville. Étudiant la nouvelle société née de l'indépendance américaine, ce penseur politique majeur pour comprendre nos sociétés contemporaines note que les nations de son siècle tendent toutes à devenir démocratiques. Pour lui, la démocratie, avant d'être un état politique caractérisé par un régime politique particulier, par des droits égaux entre les individus ou par des institutions spécifiques, est d'abord un état social, marqué par la relative uniformisation des modes de vie, la disparition progressive des classes sociales, la plus grande mobilité sociale des individus. Surtout, une société démocratique se distingue par son état d'esprit : les individus qui composent cette société se pensent et se représentent égaux entre eux.

> Le fait particulier et dominant qui singularise ces siècles, c'est l'égalité des conditions ; la passion principale qui agite les hommes dans ces temps-là, c'est l'amour de cette égalité[1].

La Révolution française, la révolution américaine et les importantes transformations politiques que connaissent les pays européens au début du XIXe siècle ont toutes en commun

1. Alexis de Tocqueville, *De la démocratie en Amérique II*, Paris, Flammarion, 1981, p. 120.

d'abolir la société aristocratique et d'instituer cette société démocratique. Une dynamique nouvelle que Tocqueville juge inéluctable s'empare de l'Occident : l'inégalité des conditions devient de moins en moins tolérable et, sous l'effet du développement économique, les situations des individus tendent de plus en plus à s'améliorer et à se rapprocher les unes des autres. Progressivement s'institue une société de semblables et se diffuse le sentiment de « l'égalité d'espérance », selon la belle formule de Sieyès. Toute l'histoire du XIXe et du XXe siècles peut ainsi être lue à travers ce prisme : la lente, longue et interminable institution de la « société des égaux[1] ».

« Les peuples démocratiques aiment l'égalité dans tous les temps, mais il est de certaines époques où ils poussent jusqu'au délire la passion qu'ils ressentent pour elle[2] », note Tocqueville. Le véganisme est une des expressions de ce délire passionnel : les militants végans poussent cette recherche de l'égalité des conditions jusqu'à abolir la différence depuis toujours structurante entre l'homme et l'animal. En ce sens, le mouvement végan s'inscrit dans la continuité historique des deux derniers siècles, mais surtout il marque l'achèvement de cette dynamique égalitaire. Si jusqu'alors la passion de l'égalité a été nourrie en deçà du genre humain, désormais la

1. On se reportera utilement à l'ouvrage de Pierre Rosanvallon, *La société des égaux*, Paris, Seuil, 2011, qui retrace l'histoire de cette quête de l'égalité tout au long du XIXe siècle et du XXe siècle.

2. Alexis de Tocqueville, *De la démocratie en Amérique II*, 1981, *op. cit.*, p. 122.

société des égaux se pense au-delà de l'espèce humaine. La conquête de l'égalité des conditions ne concerne plus un groupe social spécifique (les esclaves, les femmes, les minorités ethniques, les homosexuels ou plus récemment les transgenres), mais l'ensemble des espèces animales. C'est sans doute l'une des caractéristiques les plus marquantes du véganisme et qui explique tout autant l'incongruité de cette idéologie aux yeux de nombre d'observateurs que son pouvoir de séduction auprès d'une large frange de la population : en prétendant intégrer les espèces animales à la communauté politique, elle renouvelle radicalement l'horizon des possibles politiques.

Transformer la société par le marché

Autre particularité du véganisme que met bien en avant la fiction d'Olivier Rognon : le moteur de la transformation, avant que d'être politique, est économique. Le changement des pratiques de consommation prime la transformation des institutions politiques. C'est parce que la structure du marché évolue, sous l'effet de l'abandon progressif des produits d'origine animale, que l'ensemble de la société se transforme. En ce sens, on voit bien que le véganisme est une idéologie qui est pensée pour une société de marché et dont la mise en œuvre est assurée par le marché. La transformation de la société se fait en recourant aux mécanismes de marché et en faisant évoluer les choix du consommateur : l'offre en produits animaliers est réduite, les politiques de subvention ou d'administration des prix sont progressivement supprimées, les externalités négatives générées par la consommation de viande intégrées dans le prix final. Et c'est une fois que les habitudes de consommation ont été renouvelées qu'il est possible de passer à l'étape suivante, à savoir l'abolition : les consommateurs-citoyens désirent « plus de cohérence », c'est-à-dire que la société prenne pleinement acte, au niveau politique, de la restructuration du marché qui s'est opérée. Le politique n'intervient que dans un second temps ; l'économie devient ainsi le principal facteur d'organisation de la vie de la cité.

La société de marché

On se souvient que le débat public à la fin des années 1990 a été marqué par des interrogations répétées du personnel politique alors en place sur la nécessaire distinction à apporter entre « l'économie de marché », dans laquelle la France était pleinement insérée, et « la société de marché », qu'elle peinait à intégrer[1]. La question ne s'est jamais posée en ces termes pour la génération des Trente Génériques : la société dans laquelle elle a grandi et évolue à présent est bel et bien une société de marché.

> La société de marché est avant tout un imaginaire qui se représente la régulation des rapports sociaux, qu'ils soient marchands ou non, sous la forme d'un marché[2].

1. Lionel Jospin, alors Premier ministre, résumait sa ligne politique au travers de la formule « Oui à l'économie de marché, non à la société de marché ».
2. Zaki Laïdi, « La société de marché en quatre règles », *Libération*, 16 juin 2000.

Les notions de service, de rentabilité, de productivité, de risque et d'assurance, d'offre et de demande sont désormais au cœur de notre quotidien. Entre les années 1980 et les années 2000, la France est progressivement entrée dans la société de marché. La part des secteurs non marchands et non soumis aux règles de la concurrence s'est réduite : des pans entiers de l'économie ont fait l'objet de privatisations et la loi de l'offre et de la demande est venue suppléer l'État dans la fixation des prix. Les services publics ont connu de profondes transformations avec l'introduction de critères de productivité, de rentabilité et d'efficacité : la figure de l'administré s'est peu à peu fondue dans celle du client qui paye, avec ses impôts, un ensemble de services et attend donc une forme de « retour sur investissement ».

La juridicisation des rapports sociaux constitue un autre signe de cette évolution : désormais, les différentes étapes de la vie étant appréhendées en termes de risques encourus, les préjudices subis font l'objet d'une indemnisation, les contrats de garantie ou d'assurance accompagnent chaque achat ou chaque prestation de service. La génération des Trente Génériques a pleinement intériorisé le modèle de la société de marché[1].

Si l'adhésion de la société française à ce nouvel imaginaire a bouleversé les rapports sociaux, elle s'est également accompagnée d'une redéfinition des modes d'expression politique. Pour les individus de cette génération, « la consommation n'est

1. Marcel Gauchet, *La religion dans la démocratie*, Paris, Gallimard, 1998, p. 118.

plus la cible de la contestation ; elle incarne l'action militante elle-même[1] ». Le marché devient un « espace d'action », un nouveau terrain de lutte, un nouvel enjeu de pouvoir complémentaire et concurrent de la sphère institutionnelle et politique. En effet, la société de marché a redessiné les formes du militantisme qui emprunte désormais des voies alternatives à l'engagement partisan traditionnel. Il est emblématique de l'époque et caractéristique de ces mutations profondes que désormais les entreprises s'investissent dans des missions qui sont habituellement dévolues au politique : les débats autour de la responsabilité sociale des entreprises en matière environnementale ou de promotion de la diversité, par exemple, montrent la volonté des acteurs économiques de transformer la société, en agissant directement sur les processus et les conditions de production. À l'autre bout de la chaîne, le consommateur final n'est pas en reste et tend à devenir de plus en plus engagé.

La figure du citoyen s'enrichit donc de celle du consommateur engagé. La société de marché a permis une extension des capacités de l'individu contemporain, puisqu'à son pouvoir politique, matérialisé par le droit de vote, est désormais adjoint un pouvoir économique, matérialisé par l'acte d'achat. C'est l'alliance de la carte de crédit et de la carte d'électeur : « boycotter » ou « buycotter », c'est manifester son rejet ou son adhésion à tel ou tel produit en fonction de ses choix politiques. « Le boycott et le buycott sont

---

1. Sophie Dubuisson-Quellier, *La consommation engagée*, Paris, Presses de Sciences Po, 2009.

envisagés comme les moyens de mobiliser la masse immense des consommateurs, en donnant une lecture politique de leurs pratiques d'achat », remarque Sophie Dubuisson-Quellier. À l'instar de l'électeur qui, par son vote, cherche à transformer la structure politique conformément aux principes qui sont les siens, le consommateur, en ajustant ses choix à ses principes et ses valeurs politiques, cherche à faire évoluer l'offre sur le marché, à transformer le système de production et, à terme, à réorganiser la société.

La contestation par le marché

Cette prise de conscience du pouvoir du consommateur s'est faite peu à peu. Jean Baudrillard, dans son essai sur la société de consommation, cite cette injonction du journal *Le Coopérateur* en 1965 :

> Que représente le consommateur dans le monde moderne ? Rien. Que pourrait-il être ? Tout, ou presque tout. Parce qu'il reste seul à côté de millions de solitaires, il est à la merci de tous les intérêts[1].

Cette reprise des propos les plus célèbres de Sieyès[2] adaptés à la figure du consommateur montre que celui-ci est gros de potentialités

1. Jean Baudrillard, *La société de consommation*, Paris, Gallimard, 1996, p. 121.
2. Emmanuel-Joseph Sieyès, *Qu'est-ce que le Tiers-État ?*, 1789. L'abbé Sieyès ouvre son pamphlet publié en janvier 1789 par ces mots désormais célèbres et lus comme annonçant la Révolution Française : « Qu'est-ce que le Tiers-État ? Le plan de cet écrit est assez simple. Nous avons trois questions à nous faire. 1. Qu'est-ce que

politiques et qu'il doit s'organiser, comme le fit le tiers état en 1789. Le chemin parcouru depuis 1965 est long. Si la société de consommation peut être considérée comme l'avènement de la figure du consommateur, alors la société de marché marque la naissance de celle du consommateur engagé. Désormais, le consommateur est considéré comme un acteur à part entière, dont il importe de s'assurer le soutien ou de se prémunir des critiques. Combien de produits n'ont-ils pas disparu à la suite de la défection des consommateurs ? Combien d'entreprises n'ont-elles pas fait faillite, faute d'avoir su garder le soutien de leurs clients ?

Au cœur de la consommation engagée se niche l'idée que l'acte d'achat individuel a un impact politique et que la somme des actions individuelles viendra à terme modifier le cours des choses. Cette démarche implique donc de pouvoir mesurer, à l'échelle individuelle ou à l'échelle du ménage, l'effet de son action. De la même manière que le pouvoir du citoyen se matérialise sous la forme d'un vote glissé dans l'urne et qui vient s'ajouter aux autres dans le cadre du processus électoral, par exemple, il est nécessaire pour le consommateur d'avoir la capacité de mesurer les effets qui découlent de son choix d'achat. Les labels ; les opérations du type « à chaque achat du produit X, il sera reversé 1 € à l'association Y » ; l'étiquette « énergie propre » que l'on retrouve désormais sur les ampoules,

---

le Tiers-État ? – Tout. 2. Qu'a-t-il été jusqu'à présent dans l'ordre politique ? – Rien. 3. Que demande-t-il ? – À y devenir quelque chose. »

les appareils électroménagers ou les annonces immobilières; ou plus récemment le nutri-score, qui mesure, sur une échelle allant de A à E, du vert au rouge, la qualité nutritionnelle des produits alimentaires, sont autant de dispositifs qui permettent de quantifier, à l'échelle individuelle, les externalités générées par nos achats. À ce titre, l'application Yuka, qui permet de scanner les étiquettes de chaque produit, d'évaluer leur composition et d'analyser leur effet sur notre santé, est emblématique de cette tendance qui gagne notre société.

La consommation engagée s'apparente donc à une forme de démocratie du quotidien, puisque chaque consommateur-citoyen peut, au moment de la décision d'achat, lui donner une dimension politique. Se dessine ainsi une « république des consommateurs », selon l'expression de l'historienne Lizabeth Cohen[1], où la satisfaction d'un désir personnel se double de l'accomplissement d'une obligation collective. La consommation engagée a une dimension holistique. La diffusion de la pensée végane s'adosse donc sur cette tendance à mesurer l'impact individuel de chaque produit et vient la renforcer: le consommateur végan doit pouvoir évaluer à chaque décision d'achat l'effet de sa démarche. Être végan, c'est être comptable de soi-même – et du monde.

1. Lizabeth Cohen, *A consumer's republic; the politics of mass consumption in postwar America*, New York, Alfred A. Knopf, 2003.

Le salut de l'espèce ou le néo-darwinisme

Autre particularité de l'idéologie végane et qui participe à son attrait : elle offre une perspective de salut et se présente comme un remède aux discours collapsologiques. Pour ce faire, elle réinvestit la théorie de l'évolution naturelle. On sait ce qu'est la théorie darwinienne. Contrairement à quelques résumés hâtifs, elle ne défend pas la « loi du plus fort » ni ne promeut une forme d'eugénisme. Le mécanisme de la sélection naturelle que décrit Darwin ne correspond ni à l'élimination des moins aptes ni au perfectionnement des plus adaptés : il s'agit seulement de l'adaptation continue des espèces à leur environnement. Le véganisme reprend le discours darwinien et relit l'histoire de l'évolution à l'aune de ses propres critères. C'est là qu'opère tout le travail de l'idéologie : ce qui n'était qu'une théorie scientifique – la sélection naturelle – devient un historicisme et même, ainsi que nous le verrons dans les pages suivantes, une eschatologie.

On peut lire, sous la plume de la philosophe végane Florence Burgat, que c'est sous la contrainte de son environnement que l'homme serait devenu omnivore, puis que de chasseur-cueilleur il serait devenu éleveur, instituant ainsi l'alimentation carnée et faisant de l'animal une ressource essentielle pour son développement[1]. Cette caractéristique, dictée par la survie et l'accroissement de l'espèce humaine, aurait été imposée par les circonstances et n'aurait rien d'immuable. Par conséquent, notre comportement

1. Florence Burgat, *L'humanité carnivore*, Paris, Seuil, 2017.

alimentaire pourrait changer. L'élevage et la domestication de l'animal étant un processus récent dans l'histoire de l'espèce humaine, datant du néolithique, c'est la preuve que notre régime alimentaire résulte d'un choix, ou en tout cas relève d'une nécessité aujourd'hui disparue.

En effet, selon les végans, nous avons atteint un stade de développement technique et un niveau de ressources qui devraient nous dispenser de recourir à l'animal : nous avons la capacité de créer artificiellement des protéines pouvant se substituer aux protéines animales et nous sommes en mesure de concevoir des produits alternatifs sans intrants d'origine animale dans leur composition. Mieux, la survie de l'espèce humaine passant par la sauvegarde de la planète, il serait nécessaire d'entamer une nouvelle phase de notre évolution, en mettant un terme à celle inaugurée il y a dix mille ans, lors de la révolution néolithique et l'institution de la pratique de l'élevage. C'est ce qu'affirme très clairement Aymeric Caron, dans son livre *No steak*, dont le sous-titre est justement *La prochaine phase de notre évolution* :

> Pendant longtemps, donc, les humains n'ont pas eu le choix. Pour perdurer et progresser, l'espèce humaine a eu besoin d'utiliser d'autres espèces. [...] Tuer un animal lorsque la nature ne nous laisse pas le choix, parce qu'il n'y a aucun autre moyen de subsistance ; tuer cet animal avec respect, en étant conscient du service qu'il nous rend : cette approche est compréhensible. Mais nous en sommes loin aujourd'hui[1].

1. Aymeric Caron, *No steak*; *la prochaine phase de notre évolution*, Paris, J'ai Lu, 2014.

Le véganisme serait une sorte d'avant-garde : les végans hâteraient une évolution de l'espèce humaine qu'ils jugent inévitable pour sa survie.

Le véganisme, comme toutes les idéologies, prétend annoncer le sens de l'Histoire. Mais ce qui est nouveau, c'est qu'à la différence des grandes idéologies qui ont marqué le XXe siècle, il n'est pas porteur d'une promesse de progrès, dans le sens où on l'entend habituellement. Il porte une promesse d'évolution de l'espèce. C'est une recomposition de la notion de progrès et de l'idée de croissance qui l'accompagne : l'amélioration n'est pas matérielle ou sociale, mais physiologique. La pensée végane prend acte du relatif désaveu autour de la notion de progrès et de tous les débats autour de la croissance qui est jugée responsable de la situation actuelle : désastre écologique, exploitation à outrance des animaux, problèmes récurrents de santé publique liés à la consommation de produits carnés, etc. La peur de l'effondrement n'est pas commuée par la perspective d'un progrès matériel ou d'un changement social à venir, mais par celle d'une évolution, d'une mutation. Il en ressort un progressisme d'un genre nouveau, toujours étayé par un discours scientifique, mais défait de sa dimension matérialiste et de sa perspective de croissance. La perspective de salut offerte par le véganisme, la grande promesse que porte cette idéologie, n'est ni la société d'abondance, ni l'abolition des différences de classes, mais l'évolution de l'homme, à la fois sur le plan physiologique et moral, pour sauvegarder son environnement et assurer la préservation de l'espèce humaine face à la catastrophe écologique annoncée.

En effet, dans le discours darwinien, évolution physiologique et progrès moral sont étroitement liés. Dans *La filiation de l'homme*, paru douze ans après *L'origine des espèces*[1], le naturaliste anglais soutient que, si la sélection naturelle s'opère en éliminant les espèces les moins adaptées à leur environnement, elle ne s'effectue pas uniquement selon des critères physiques ou physiologiques, mais aussi éthiques. Il voit d'ailleurs dans ce processus la naissance de la morale.

> Les instincts sociaux qui ont été sans doute acquis par l'homme pour le bien de la communauté ont dû, dès l'abord, le porter à aider ses semblables, développer en lui quelques sentiments de sympathie et l'obliger de compter avec l'approbation ou le blâme de ses semblables. Des impulsions de ce genre ont dû de très bonne heure lui servir de règle grossière pour distinguer le bien du mal. Puis [...] le niveau de moralité s'est élevé de plus en plus[2].

Pour le dire en des termes économicistes, ne sont pas seulement éliminés les individus de chaque espèce les moins aptes à survivre, mais ceux dont le comportement génère le plus d'externalités négatives et met en danger la survie du plus grand nombre. Dresser une généalogie des espèces, c'est établir une généalogie de la morale.

---

1. Charles Darwin, *L'origine des espèces*, 1859.
2. Charles Darwin, *La filiation de l'homme et la sélection liée au sexe*, Paris, Honoré Champion, 2013, cité par Aymeric Caron dans son ouvrage *Vivant*, Paris, J'ai Lu, 2019, p. 251.

L'élimination naturelle des individus les moins moraux ne serait donc pas uniquement une manière de protéger la société, mais aussi un moyen de préserver l'espèce. Et surtout, plus l'espèce avance dans son évolution, plus elle gagne en moralité. On lit ainsi dans *La filiation de l'homme*[1] :

> À mesure que l'homme avance en civilisation et que les petites tribus se réunissent en communautés plus nombreuses, la simple raison indique à chaque individu qu'il doit étendre ses instincts sociaux et sa sympathie à tous les membres de la même nation, bien qu'ils ne lui soient pas personnellement connus. Ce point atteint, une barrière artificielle seule peut empêcher ses sympathies de s'étendre à tous les hommes de toutes les nations et de toutes les races. [...] La sympathie étendue en dehors des bornes de l'humanité, c'est-à-dire la compassion envers les animaux, paraît être une des dernières acquisitions morales.

En s'engageant pleinement en faveur de l'éthique animale, les végans soutiennent qu'ils empruntent le chemin tracé par les lois de l'évolution. Mais, en voulant imposer à moyen terme l'abolition de l'exploitation animale, ils cherchent à accélérer le processus évolutionnel. Il s'agit d'une instrumentalisation de la théorie darwinienne par l'idéologie végane pour servir sa conception de l'histoire : le darwinisme devient un historicisme.

C'est en ce sens, et à double titre, que nous parlons de néo-darwinisme. D'une part, l'évolution n'est plus subie ni contrainte par les lois de

1. *Ibid.*

la nature : elle est devancée. L'espèce humaine, en se convertissant au véganisme, ferait le choix, en pleine conscience, de sa propre évolution afin de prévenir un changement de son environnement : l'abandon de l'élevage limiterait drastiquement les effets du réchauffement climatique. D'autre part, en changeant de paradigme moral, c'est-à-dire en faisant de l'animal un semblable, voire un égal, et en condamnant par conséquent l'exploitation animale, en réduisant au maximum les externalités négatives qu'il génère vis-à-vis de son environnement, le genre humain assurerait sa pérennité : l'adoption d'un comportement absolument moral serait une garantie de survie de l'espèce.

Avec le véganisme, l'homme se fait l'arbitre de sa propre destinée, l'espèce humaine de son évolution. En cela, le véganisme entretient des liens étroits avec le transhumanisme qui peut être défini comme un « projet d'amélioration indéfinie des capacités physiques, intellectuelles et morales des êtres humains, grâce à la "convergence NBIC" des Nanosciences, des Biotechnologies, de l'Informatique et des sciences Cognitives[1] ». Il s'agit, grâce à des améliorations continues, de déjouer les lois de la nature, de pallier les imperfections du genre humain et, à terme, de vaincre le vieillissement et la mort. Aussi, derrière l'apparente façade égalitaire que promeuvent la pensée végane et la philosophie antispéciste, se cache une volonté de préserver la supériorité de l'homme à la fois

1. Francis Wolff, *Trois utopies contemporaines*, Paris, Fayard, 2017, p. 37.

sur la nature et sur les autres espèces. En effet, seul l'homme végan se prémunit contre les effets de l'évolution naturelle. La libération animale n'est aucunement la promesse de maintenir une forme de statu quo en figeant ou, du moins, en contrôlant l'évolution de l'ensemble des espèces animales vivantes. Au contraire, et les végans ne s'en cachent pas, la fin de l'exploitation animale entraînera la disparition de nombreuses espèces domestiques qui ne doivent leur existence et leur survie qu'à la relation de travail qu'elles ont avec l'homme et qui, en retour, leur garantit la protection et leur assure les conditions d'existence. Le végan, en cherchant à devenir un être absolument moral, rejette sa part d'animalité. Malgré lui peut-être, et par des voies détournées, il poursuit le même objectif que les tenants du transhumanisme qui tentent, grâce à la technologie, de s'extraire de cette condition. L'humanisation de l'animal et la machinisation de l'humain sont l'avers et le revers d'une même ambition : préserver l'espèce.

2
La cause animale, au cœur de l'idéologie végane

Dans un article paru en juillet 2020, *Le Parisien* rapporte que, selon un sondage administré par l'IFOP, 73 % des Français seraient favorables à l'organisation d'un référendum sur le droit des animaux[1]. Ce sondage fait suite au projet de « référendum d'initiative partagée » (RIP) lancé quelques jours plus tôt par plusieurs grands chefs d'entreprises, dont Xavier Niel (célèbre patron de Free et actionnaire du *Monde*), Marc Simoncini (fondateur du site Meetic) et Jacques-Antoine Granjon (fondateur du site vente-privee)[2], qui prévoit six mesures en faveur des animaux : interdiction de la chasse à courre ; interdiction des élevages à fourrure ; interdiction de l'élevage en cage ; fin des spectacles avec des animaux ; interdiction des expérimentations médicales sur les animaux

---

1. Frédéric Mouchon, « Référendum sur le droit des animaux : les Français y sont très largement favorables », *Le Parisien*, 28 juillet 2020.
2. URL : <https://referendumpourlesanimaux.fr/>. On notera que cette initiative politique est avant tout portée par des chefs d'entreprise et des représentants de la société civile, et non des personnalités politiques.

lorsqu'il existe une méthode alternative; et enfin, abolition de l'élevage intensif.

Cette démarche a été abondamment relayée par le journaliste et fervent défenseur de la cause animale Hugo Clément, et soutenue par plusieurs associations reconnues, dont L214, la SPA et la LPO, ainsi que par plusieurs personnalités, dont l'ancien ministre de l'Écologie et animateur, Nicolas Hulot, le reporter Yann Arthus-Bertrand, l'animateur Julien Courbet, le journaliste Stéphane Bern, l'acteur Pierre Niney ou le mannequin Estelle Lefébure. Enfin, ils sont cent cinquante et un parlementaires, de tous bords, à avoir manifesté leur adhésion à cette initiative. Sur les quatre millions sept cent mille signatures requises pour donner lieu à un référendum électoral, près d'un million ont été recueillies un an après le lancement de ce projet.

Les mesures proposées, ainsi que l'effervescence qui s'est nouée autour de ce projet traduisent le taux de pénétration dans la société des idées animalistes. Un premier indice nous en avait été donné en 2014 avec l'amendement, déposé par le député Jean Glavany, portant modification du Code civil: désormais, depuis 2015, l'animal est « un être vivant doué de sensibilité » et n'est plus considéré comme un « bien meuble »[1]. Surtout, ces initiatives, plus ou moins abouties, nous font prendre la mesure des transformations qui se sont opérées, au cours des dernières années, dans notre rapport aux animaux. Ainsi que nous le verrons dans les pages suivantes, sous l'effet de l'évolution du système agroalimentaire

1. Code civil, art. 515-14.

et sous l'influence de la philosophie antispéciste, l'animal, qui jusqu'alors incarnait l'altérité, tend à devenir un nouveau semblable.

Animal, mon semblable, mon frère : un nouveau rapport à l'animal

Si le véganisme séduit, c'est parce qu'il prospère sur la nouvelle relation que l'homme a établie avec l'animal au cours de ces dernières années. Il s'agit sans doute d'une des évolutions les plus notables de notre société et dont les conséquences anthropologiques ne sont pas encore pleinement mesurables.

Une plus grande sensibilité envers l'animal

La frontière entre l'homme et l'animal s'est estompée : nous avons « désanimalisé » l'animal. Le cas est particulièrement net au niveau des animaux de compagnie qui tendent à devenir des membres à part entière de la famille. Le chien ou le chat est presque humanisé : il dort dans la chambre, fait l'objet de toutes les attentions, bénéficie des largesses des enfants, a droit lui aussi à un régime alimentaire sur-mesure ou à des soins spécifiques, etc. Sa disparition équivaut le plus souvent à un deuil familial. La relation entre l'homme et les animaux domestiques a également évolué sous l'effet du développement de l'élevage intensif : ici, l'animal tend à n'être plus qu'une matière première parmi d'autres, demandant à être transformée. L'animal a pour toute identité un numéro, sa vie se réduit à une série de chiffres rigoureusement inscrits dans des colonnes.

À ce double mouvement d'humanisation et d'objectification de l'animal s'ajoute un troisième, concernant les animaux sauvages, et tout particulièrement les animaux féroces, dont les caractéristiques les plus dangereuses tendent à être amoindries, sinon effacées. Des dessins animés comme *Le Roi lion* des studios Disney (1994) ou des films comme *L'ours* de Jean-Jacques Annaud (1988), sans compter le nombre de documentaires animaliers présents à la télévision, ont marqué l'imaginaire de la génération des *millennials*: l'animal sauvage et féroce perd une partie de sa bestialité et fait l'objet d'une affection jusqu'alors inédite.

À ce titre, la question de la réintroduction du loup montre l'ampleur de l'évolution de l'opinion au cours des dernières décennies à l'égard des bêtes féroces. Espèce éradiquée au cours des années 1930, le loup a été progressivement réintroduit en France à partir des années 1990. Un plan loup a été mis en place par l'État et a fixé pour objectif un total de cinq cents loups sur le sol français en 2023 (on en recensait trois cent soixante en 2018). Pour y parvenir, une série de mesures destinées à conserver l'espèce est mise en œuvre et prévoit notamment d'indemniser les éleveurs en cas de pertes dues aux loups (douze mille brebis tuées en 2017). C'est un renversement de perspective complet qui s'est opéré. C'est désormais la coexistence harmonieuse entre les espèces qui est visée, et les éleveurs ainsi que la population sont invités à assurer la cohabitation entre le loup et les troupeaux. Analysant les récentes mutations anthropologiques que connaît notre pays, Jérôme Fourquet note que, déjà en 2013, la proposition « un animal comme le loup a sa place dans la nature en France » recueillait un très large assentiment (76 %) et tout particulièrement chez les moins de 35 ans (83 %)[1]. La bête, qui pendant des siècles a incarné la somme de toutes les peurs et à ce titre été traquée et chassée sans relâche, en quelques décennies a obtenu droit de cité.

Quand la cause animale envahit les rayons des librairies

Il n'est pas toujours aisé de mesurer la force d'une idée et son pouvoir de séduction. La culture, que nous consommons quotidiennement en allant voir un film au cinéma ou en achetant un livre en librairie, est sans doute le meilleur indicateur dont nous disposons puisqu'elle conjugue à la fois les tendances intellectuelles du moment (quels sont les sujets les plus en vogue auxquels se confrontent écrivains, essayistes ou cinéastes ?) et les tendances de marché (quelles sont les thématiques sur lesquelles espèrent capitaliser un éditeur ou un producteur ?). Un détour dans les salles obscures et les rayons des librairies nous permet ainsi de mesurer l'influence croissante de la cause animale : longtemps cantonnée dans les milieux universitaires ou limitée à quelques cercles militants, la question de la libération animale s'installe en effet peu à peu dans la culture populaire.

Le film d'animation des studios Blue Sky, *Ferdinand*, sorti en décembre 2017, raconte

1. Jérôme Fourquet, *L'archipel français ; naissance d'une nation multiple et divisée*, Paris, Seuil, 2019, p. 63.

l'histoire d'un taureau de combat qui cherche à échapper au sort que lui réserve l'arène. Mais le réalisateur va plus loin :

> Il ne s'agit plus d'échapper au combat absurde et inégal contre le torero, il s'agit d'échapper à la mort infligée par les humains, sous quelque forme que ce soit. Dans une scène où Ferdinand cherche à sauver un de ses camarades bovidés de la boucherie, Carlos Saldanha n'hésite pas à emmener les jeunes spectateurs jusque dans l'antre glauque de l'abattoir – bâtiment dont la silhouette lugubre, agrémentée d'une haute cheminée, apparaît de manière fugace, évoquant les fours crématoires des camps d'extermination nazis[1].

Jusqu'alors, les dessins animés se contentaient de dénoncer la cruauté inutile des hommes envers les animaux : c'est désormais un nouveau seuil qui est franchi. Si l'industrie culturelle se fait le relais des discours abolitionnistes, c'est parce que les discours prônant le végétarisme ou dénonçant l'exploitation animale sont devenus consensuels.

Le fait que la comédie se soit emparée de ce sujet est un signe important de cette évolution : le discours végan s'est suffisamment généralisé dans la société pour devenir un ressort narratif à part entière ; le végan devient un nouveau personnage de la comédie humaine du XXIe siècle. Le film *100 % bio* (2021), réalisé par Fabien Onteniente, raconte ainsi l'histoire d'un boucher

1. Stéphane Foucart, « Comment le végétarisme s'installe dans la culture populaire », *Le Monde*, 27 janvier 2018.

sur le point de prendre sa retraite et désireux de léguer sa boucherie à son futur gendre qui découvre que ce dernier est végan. *Barbaque* (2021), la comédie grinçante mise en scène par Fabrice Éboué, montre les aventures sanglantes d'un couple de bouchers qui assassine des végans et se débarrasse des corps en les servant à leurs clients : les végans ne sont-ils pas des herbivores, au même titre qu'un veau ou une vache ? Même les irréductibles Gaulois ne sont plus insensibles à la cause animale ! Guillaume Canet, le réalisateur du nouvel opus des aventures d'Astérix et Obélix, dont la sortie est prévue en 2022, a ainsi révélé que « Astérix, déjà un peu végan, fera des remontrances à Obélix sur sa consommation de sangliers ».

Le monde de l'édition a connu semblable évolution au cours des dernières années. L'édition française accueille en effet un nombre croissant d'ouvrages qui accordent une place centrale à la défense de la cause animale. De nombreux auteurs, souvent nés dans les années 1980, ont fait de cette thématique le cœur de leur réflexion littéraire et politique. La parution outre-Atlantique de l'ouvrage du célèbre écrivain américain Jonathan Safran Foer (né en 1977) *Faut-il manger les animaux ?*[1] marque sans doute l'entrée massive de ce sujet dans les rayonnages des librairies. Paru en 2009 et traduit en français dans la foulée, ce manifeste est une véritable référence pour de nombreux végans. L'actrice Nathalie Portman soutient que la lecture de cet ouvrage a

1. Jonathan Safran Foer, *Faut-il manger des animaux ?*, Paris, l'Olivier, 2011.

transformé la végétarienne qu'elle était jusqu'alors en une militante convaincue de la cause animale.

L'année 2010 aura été marquée par la parution du roman de Tristan Garcia (né en 1981), *Mémoires de la Jungle*[1], dont le narrateur est un chimpanzé doué de parole, Doogie, qui évolue dans un monde que l'homme a rendu inhabitable, dévasté par la pollution, les guerres et les famines. Ce philosophe et romancier reconnu publie en 2019 *Âmes*[2]. Ce premier tome d'une histoire de la souffrance raconte les aventures de quatre âmes, animales et humaines, qui se réincarnent à travers les époques, du Néolithique à nos jours. L'écrivain et militant de la cause animale Vincent Message (né en 1983) a publié en 2016 *Défaite des maîtres et possesseurs*[3]. L'auteur imagine que, dans un monde futur, les êtres humains tombent sous le joug d'extra-terrestres qui leur font connaître un sort analogue à celui des animaux. Les extra-terrestres divisent ainsi l'humanité en plusieurs catégories : « humains de compagnie », « humains de travail » et « humains d'élevage ».

Au cours des années suivantes, le sujet a acquis une ampleur médiatique. En 2012, le journaliste antispéciste Aymeric Caron devient un chroniqueur régulier de l'émission *On n'est pas couché*, qui offre une tribune de premier rang à la cause animale. Il publiera par la suite plusieurs essais, tous consacrés à la question animale, contribuant ainsi

1. Tristan Garcia, *Mémoires de la Jungle*, Paris, Gallimard, 2010.

2. Tristan Garcia, *Âmes*, Paris, Gallimard, 2019.

3. Vincent Message, *Défaite des maîtres et possesseurs*, Paris, Seuil, 2016.

à en faire un sujet de société: *No steak*[1] en 2013, *Antispéciste; réconcilier l'humain, l'animal, la nature*[2] en 2016 et *Vivant; de la bactérie à Homo ethicus*[3] en 2018. Il est accompagné dans sa démarche par le journaliste Franz-Olivier Giesbert, qui publie en 2014 deux ouvrages sur le sujet, *L'animal est une personne; pour nos frères et sœurs les bêtes*[4], ainsi qu'un manifeste pour les animaux. L'auteur à succès Isabelle Sorente publie en 2013 *180 jours*[5], soit la période de « temps qui sépare la naissance d'un porc de sa mort à l'abattoir ». En 2014, c'est au tour du philosophe bouddhiste Matthieu Ricard de faire paraître un *Plaidoyer pour les animaux*[6]. Signe que le sujet a acquis une légitimité intellectuelle, mais aussi une dimension grand public, la célèbre collection « Que sais-je ? » des Presses universitaires de France accueille dans son catalogue depuis 2017 un ouvrage consacré à la question du véganisme, *Le véganisme*[7], signé par Renan Larue, un philosophe de référence sur l'antispécisme, et Valéry Giroux, philosophe et militante des droits des animaux.

---

1. Aymeric Caron, *No steak; la prochaine phase de notre évolution*, 2014, op. cit.
2. Aymeric Caron, *Antispéciste; réconcilier l'humain, l'animal, la nature*, Paris, Seuil, 2017.
3. Aymeric Caron, *Vivant; de la bactérie à Homo ethicus*, Paris, J'ai Lu, 2019.
4. Franz-Olivier Giesbert, *L'animal est une personne; pour nos sœurs et frères les bêtes*, Paris, Fayard, 2014.
5. Isabelle Sorente, *180 jours*, Paris, JC Lattès, 2013.
6. Matthieu Ricard, *Plaidoyer pour les animaux*, Paris, Allary, 2014.
7. Renan Larue, Valéry Giroux, *Le véganisme*, 2017, *op. cit.*

En 2016, l'écrivain végétalien et membre de l'association L214 Jean-Baptiste Del Amo (né en 1981) fait paraître le remarqué *Règne animal*[1]. Cet ouvrage, finaliste de l'édition 2016 du Prix Goncourt, retrace l'évolution d'une exploitation familiale au cours du xxe siècle. Sous l'effet du progrès technique et des transformations de la société, la ferme familiale va progressivement devenir un gigantesque élevage porcin, le paysan un industriel et les animaux de la ferme une matière première exploitée toujours plus intensément. Jean-Baptiste Del Amo ne s'est pas limité à ce seul ouvrage pour défendre la cause animale. En 2017, il publie *L214 ; une voix pour les animaux*[2], dans lequel il retrace l'histoire de l'association et dresse des portraits de militants. La même année, paraît également sous son nom *Comme toi*[3], un ouvrage à destination des enfants dans lequel il souligne notre proximité avec les animaux.

Enfin, la littérature animale a dernièrement continué à s'enrichir avec la parution du premier livre du journaliste Hugo Clément (né en 1989), *Comment j'ai arrêté de manger les animaux*[4]. Camille Brunel se lance également dans

1. Jean-Baptiste Del Amo, *Règne animal*, Paris, Gallimard, 2016.
2. Jean-Baptiste Del Amo, *L214 ; une voix pour les animaux*, Paris, Arthaud, 2017.
3. Jean-Baptiste Del Amo, *Comme toi*, Paris, Gallimard Jeunesse, 2017.
4. Hugo Clément, *Comment j'ai arrêté de manger les animaux*, Paris, Seuil, 2019.

l'écriture avec le roman *La guérilla des animaux*[1], paru en 2018, racontant la progressive conversion d'un jeune français baudelairien qui devient un fanatique de la cause animale. Cet ouvrage sera suivi d'un second paru en 2020 et intitulé *Après nous, les animaux*[2], contant l'aventure d'animaux de cirque embarqués dans un bateau par les derniers hommes vivants en 2086 après qu'une série de pandémies a dévasté l'espèce humaine. Le romancier Gil Bartholeyns, dans *Deux kilos deux*[3] (2019), brosse le portrait d'un vétérinaire qui intervient dans un élevage industriel de poulet. Toujours sur la même thématique, Lucie Rico (née en 1988) publie chez P.O.L *Le chant du poulet sous vide*[4]. On signalera également la parution en 2019 du roman pour adolescents *Veggie tendance vegan*[5], racontant l'histoire de Chris qui tombe sous le charme de la nouvelle du lycée, Mallory, jeune fille végétarienne, slameuse et youtubeuse, engagée dans la lutte contre les violences faites aux animaux : pour se rapprocher d'elle, il décide de devenir végétarien.

Les enfants et jeunes adolescents constituant un véritable enjeu d'influence sur le long terme

1. Camille Brunel, *La guérilla des animaux*, Paris, Alma, 2018.
2. Camille Brunel, *Après nous, les animaux*, Paris, Casterman, 2020.
3. Gil Bartholeyns, *Deux kilos deux*, Paris, JC Lattès, 2019.
4. Lucie Rico, *Le chant du poulet sous vide*, Paris, P.O.L, 2020.
5. Charlotte Bousquet, *Veggie tendance vegan*, Paris, Rageot, 2019.

pour les abolitionnistes, la littérature jeunesse accueille de nombreux ouvrages les sensibilisant dès le plus jeune âge à la cause animale. La romancière Aurélie Valognes publie ainsi en 2020 une histoire pour enfants, *Le loup qui préférait les carottes*[1], racontant les aventures de Petit Loup qui prend peu à peu conscience qu'il n'aime pas la viande. Les éditions Glénat ont fait paraître *Le cri du homard*[2], en 2020, relatant l'histoire de la jeune Aurore qui prend conscience des conséquences et méfaits de l'élevage intensif de homards sur l'environnement. La littérature jeunesse a surtout été marquée par le roman de Jean-Claude Mourlevat, *Jefferson*[3] : le jeune hérisson Jefferson, accompagné de son ami le cochon Gilbert, mène une enquête sur l'assassinat de M. Edgar qui les conduira dans le monde des humains et les opposera aux terribles hommes de main de la Société des abattoirs. Véritable succès de librairie dès sa sortie en 2018, ce livre a notamment obtenu le prix ALMA en 2021, la récompense la plus prestigieuse en littérature jeunesse au niveau mondial.

Le monde des livres est le reflet des interrogations et des inquiétudes qui agitent le monde des hommes. Les abattoirs sont ainsi le sujet de plusieurs ouvrages ces dernières années. Romans, enquêtes journalistiques, essais : les

1. Aurélie Valognes, *Le loup qui préférait les carottes*, Paris, Michel Lafon, 2020.
2. Guillaume Nail, *Le cri du homard*, Paris, Glénat Jeunesse, 2020.
3. Jean-Claude Mourlevat, *Jefferson*, Paris, Gallimard Jeunesse, 2018.

formes littéraires ne manquent pas pour raconter ce lieu qui fascine autant qu'il repousse. En 2016, la collection « Raconter la vie » lancée par Pierre Rosanvallon aux éditions du Seuil accueille le témoignage de Stéphane Geffroy, *À l'abattoir*[1], qui décrit son quotidien d'employé. En 2017, Timothée Demeillers publie *Jusqu'à la bête*[2], narrant le quotidien d'Erwan et Laëtitia qui travaillent tous deux dans un abattoir et Errol Henrot fait paraître son premier roman *Les liens du sang*[3], racontant la difficile transmission du métier de « tueur » professionnel en abattoir entre un père et son fils. Le journaliste Geoffrey Le Guilcher, dans le remarqué *Steak machine*[4] (2017), fait le récit de son infiltration dans un abattoir pendant plusieurs mois et sous une fausse identité : il y décrit la dureté du métier, la pénibilité du travail à la chaîne, le difficile quotidien des ouvriers.

C'est en effet une autre évolution majeure qui a contribué à modifier notre rapport à l'animal : la vie ni la mort de celui-ci ne se voient plus. Il y a encore une à deux générations, les abattoirs se trouvaient au plus près des consommateurs. C'est ainsi que de nombreuses villes d'anciens abattoirs sont désormais des friches industrielles ou font l'objet d'une reconversion urbaine, à l'instar du

1. Stéphane Geffroy, *À l'abattoir*, Paris, Seuil, 2016.
2. Timothée Demeillers, *Jusqu'à la bête*, Paris, Asphalte, 2017.
3. Errol Henrot, *Les liens du sang*, Paris, Le Dilettante, 2017.
4. Geoffrey Le Guilcher, *Steak machine*, Paris, Goutte d'Or, 2017.

quartier de la Villette à Paris. L'amélioration des techniques de conservation des aliments aidant, les abattoirs ont été repoussés à l'extérieur des centres-villes, à la périphérie des grandes villes, sinon en rase campagne. À cela se sont ajoutés le mouvement d'exode rural, qui a vidé les campagnes, l'industrialisation de l'élevage, qui a vidé les fermes de leurs animaux, et les transformations de notre mode de vie, qui a vu la consommation de viande se démocratiser. Les éleveurs représentent moins de 1 % de la population française et sont désormais à la tête de vastes entreprises d'élevage intensif, industrialisées et spécialisées en filières. La population française est quant à elle passée de quarante millions à près de soixante-dix millions en un peu plus d'un demi-siècle tandis que la consommation de viande annuelle est passée de 50 kilogrammes par personne en moyenne à 100 kilogrammes dans les années 1980 avant de légèrement baisser pour se stabiliser autour de 90 kilogrammes[1]. Aujourd'hui, la majorité des Occidentaux ne voient plus naître, grandir et mourir les animaux de la ferme : adieu veau, vache, cochon, couvée... Notre connaissance des animaux les plus communs est désormais extrêmement parcellaire, se réduisant à des illustrations, des photos, des reportages animaliers, ou parfois à une éphémère rencontre en direct lors d'une visite à la ferme ou au salon de l'agriculture.

1. Jean-Pierre Digard, « Raisons et déraisons. Des revendications animalitaires ; essai de lecture anthropologique et politique », in *Pouvoirs*, n° 131, 2009/4, p. 97-111.

Sous l'effet de ces transformations, le lien entretenu avec les animaux, pendant près de dix mille ans, s'est subitement distendu et a été compensé par un réinvestissement philosophique de la question animale, sous la forme du sentiment « animalitaire ». Ce néologisme mis en avant ces dernières années par Jean-Pierre Digard[1], qui fait volontairement écho au terme « humanitaire », exprime les ressorts de ce mouvement de compassion envers les animaux. De même que « l'essor sans précédent des associations humanitaires doit sa vigueur au fait que le malaise moral des classes moyennes s'est considérablement accentué avec le reflux des espérances révolutionnaires et l'abandon du projet politique de transformation des rapports sociaux », selon le sociologue Alain Accardo, l'engouement pour la cause animale trouve ses origines dans le malaise engendré par cette déconnexion soudaine entre l'animal et une part des consommateurs de produits d'origine animale. Le développement des pratiques d'inspiration végétarienne, depuis les années 1970 notamment, et leur accélération ces dernières années sont une des expressions visibles de ce malaise. L'influence du discours antispéciste en est également le produit direct.

De la philosophie antispéciste

La question de l'animal et des relations que l'homme entretient avec lui constitue le cœur de la pensée végane. Donald Watson, à l'origine

1. Jean-Pierre Digard, *L'animalisme est un antihumanisme*, Paris, CNRS, 2018.

du terme « végan », dans le premier numéro de *The Vegan News* paru en novembre 1944, écrit déjà que :

> Nous pouvons voir de façon évidente que notre civilisation actuelle est fondée sur l'exploitation des animaux, exactement comme les civilisations passées furent basées sur l'exploitation des esclaves, et nous croyons que la destinée spirituelle de l'homme est telle que viendra un temps où il éprouvera de l'horreur à la simple idée que ses prédécesseurs se nourrissaient de produits prélevés sur les cadavres des bêtes[1].

Les nouveaux rapports avec les animaux qui se dessinent depuis les dernières décennies offrent un terreau favorable au mouvement végan : l'attrait que suscite la philosophie antispéciste est une des principales voies d'entrée dans ce mouvement pour de nombreux militants.

Une égale condition entre les hommes et les animaux

La philosophie antispéciste s'est développée sur ce terreau et s'est construite en trois temps. Tout d'abord, elle puise ses origines dans un ouvrage de Peter Singer, *La libération animale*[2], publié en 1975. Ce texte, écrit dans un contexte de très fort développement de l'élevage intensif, s'inquiète de la condition des animaux de rente, ceux-ci étant

1. Donald Watson, « *The vegan news* », in *Quarterly Magazine of the Non-Dairy Vegetarians*, n° 1, novembre 1944.
2. Peter Singer, *La libération animale*, Paris, Payot, 2012.

réduits à de la simple matière première. Peter Singer y théorise le spécisme. Fonctionnant sur le modèle du racisme, le spécisme serait un comportement instaurant une situation d'inégalité, fondée sur une discrimination, voire une exploitation d'une espèce par une autre, et en l'occurrence de l'espèce animale par les humains :

> Les racistes violent le principe d'égalité en donnant plus de poids aux intérêts des membres de leur propre race lorsqu'il y a conflit entre ces intérêts et ceux d'une autre race. Les sexistes violent le principe d'égalité en favorisant les intérêts de leur propre sexe. De même, les spécistes font primer les intérêts de leur propre espèce sur les intérêts plus grands des membres des autres espèces.

Le discours antispéciste affirme donc l'égalité entre les hommes et les animaux et cherche à lutter contre toutes les situations de domination engendrées par ce comportement jugé déviant.

Pour cela, Peter Singer doit établir un critère d'égalité entre les hommes et les animaux. Il s'inscrit dans la veine du philosophe britannique du XVIIIe siècle Jeremy Bentham qui, réfléchissant à la nature des animaux et à leur différence avec les humains, en avait conclu :

> La question n'est pas : peuvent-ils raisonner ? peuvent-ils parler ? mais : peuvent-ils souffrir[1] ?

Tous les animaux, dont l'homme, sont égaux parce que tous peuvent éprouver de la souffrance.

---

1. Jeremy Bentham, *Introduction aux principes de morale et de législation*, Paris, Vrin, 2011, p. 325.

Pour reprendre le vocabulaire antispéciste, les animaux, tout comme les hommes, sont des êtres « sentients ». C'est-à-dire qu'ils ont, selon la définition de la philosophe Corine Pelluchon, la « capacité d'un être à faire des expériences et à ressentir la douleur, le plaisir, la souffrance de manière subjective[1] ». Dès lors, établir une relation qui génère de la souffrance est non seulement la manifestation d'une inégalité, mais l'expression d'un comportement immoral. « La souffrance est le nerf de la guerre de la réflexion antispéciste[2] », affirme Ariane Nicolas, soulignant que toutes les relations que les hommes peuvent entretenir avec les animaux sont examinées et évaluées au travers du prisme de la sensation et du ressenti. Est donc jugé spéciste tout comportement qui nierait cette identité et qui infligerait une souffrance, une douleur physique ou psychique à un animal. En somme, est spéciste tout rapport de domination que l'homme instaure envers l'animal.

« La reconnaissance de la sensibilité comme critère moral pertinent représente un point de bascule en éthique animale[3] », jugent Valéry Giroux et Renan Larue. S'il est immoral d'infliger des souffrances aux animaux ou de les tuer de façon gratuite, sans nécessité aucune, il reste cependant à définir ce que l'on entend précisément par « souffrance animale ». Pour cela, il

1. Corine Pelluchon, *Manifeste animaliste ; politiser la cause animale*, Paris, Alma, 2017.

2. Ariane Nicolas, *L'imposture antispéciste*, Paris, Desclée de Brouwer, 2020.

3. Valéry Giroux, Renan Larue, *Le véganisme*, 2017, *op. cit.*

faut se rappeler que Peter Singer s'inscrit dans la lignée du philosophe utilitariste Jeremy Bentham. L'utilitarisme est une doctrine philosophique qui prescrit d'agir de façon à maximiser le bien-être, collectif ou individuel. Chaque action n'est donc évaluée qu'à partir des conséquences qu'elle engendre et au regard des résultats attendus[1]. Ainsi, si tous les animaux, dont l'homme, ont une sensibilité qui les rend capables de ressentir la souffrance, ils ont un intérêt à satisfaire celui de ne pas souffrir physiquement ou psychiquement. Or, élever un animal pour lui soutirer son lait ou le tuer pour consommer sa chair, c'est engendrer une souffrance inacceptable et surtout évitable. La domestication induit nécessairement un rapport de domination qui est source de douleur. La domestication n'est donc pas une activité morale. Dès lors, la satisfaction de l'intérêt que nourrit l'animal à ne pas souffrir nous commande de libérer les animaux de toute forme d'exploitation.

La philosophie de Peter Singer, développée dans *La libération animale*[2], dépasse le cadre du bien-être animal ou, plutôt, radicalise la

1. L'utilitarisme ainsi entendu est particulièrement adapté à la société de marché et d'individus-consommateurs : chaque membre de la communauté cherche à maximiser ses intérêts ; chaque agent voit ses intérêts particuliers primer. Dans son ouvrage *Le nouvel ordre écologique ; l'arbre, l'animal et l'homme* (Paris, Grasset, 1992), le philosophe Luc Ferry a soigneusement étudié la façon dont les antispécistes, au premier rang desquels Peter Singer, fondaient leur discours sur une lecture partiale et partielle de l'utilitarisme tel que l'avait défini originellement Jeremy Bentham.
2. Peter Singer, *La libération animale*, 2012, *op. cit.*

protection animale. Puisque l'élevage, notamment intensif, malgré son corpus de règles et son lot de procédures, est une source de souffrances, il convient d'abolir les pratiques de domestication. Plus largement, il s'agit de prévenir la souffrance que pourraient éprouver tous les animaux, de l'animal de compagnie à la bête sauvage. L'animal peut coexister, voire cohabiter librement avec l'homme, mais dès lors qu'il est instrumentalisé, qu'il est mis au service de l'homme, il y a une forme de domination et par conséquent de souffrance. Un chasseur, fût-ce le plus précis et le mieux équipé, inflige inutilement la mort à l'animal sauvage dont l'intérêt premier est de vivre. Un éleveur, fût-ce le plus bienveillant et le plus attentionné à l'égard de ses bêtes, attend de son bétail qu'il lui fournisse du lait ou de la chair et, à cette fin, impose un régime et un mode de vie particuliers contraires aux intérêts de ses bêtes. Pour les antispécistes, l'exploitation animale, quelles que soient ses modalités, est illégitime parce qu'immorale, car contraire au principe d'égalité.

L'antispécisme récuse la hiérarchie entre les espèces animales. Par conséquent, c'est tout le socle philosophique sur lequel est bâtie notre société qui est dénoncé. L'humanisme, tel qu'on le connaît, qui s'est enrichi des apports de Descartes ou des philosophes des Lumières, se révèle être une forme de racisme aux conséquences épouvantables.

« Différencier l'humain des autres animaux comme nous avons longtemps été tentés de le faire, n'a jamais été qu'une imposture au service de la tyrannie[1] », affirme Aymeric Caron. L'animal serait un concept créé de toutes pièces pour justifier un asservissement[2]. L'essayiste et philosophe Cédric Stoltz annonce quant à lui le programme dans son ouvrage au titre éloquent, *De l'humanisme à l'antispécisme ; le XXIe siècle est celui des animaux*[3], ou, dit autrement, le véganisme n'est pas un humanisme.

Des droits fondamentaux pour les animaux

Si l'idée d'une égalité de fait entre les animaux et les hommes constitue le premier temps de développement de la philosophie animaliste, l'idée d'une égalité de droit en constitue le deuxième. À l'extension du sensible succède l'extension du droit. Les antispécistes, nous l'avons vu, ne sont pas dans une logique réformiste. Par conséquent, cette intégration de l'animal dans la sphère juridique ne passe pas par un renforcement des mesures de protection des animaux, c'est-à-dire par un surcroît de mesures réglementaires à destination exclusive des hommes, mais par la création de droits nouveaux, spécifiquement attribués aux animaux. La première étape de la révolution antispéciste érigeait les animaux

1. Aymeric Caron, 2014, *op. cit.*, p. 252.
2. Pour approfondir cette remise en cause de la philosophie humaniste par l'antispécisme, on lira avec profit l'ouvrage du philosophe Paul Sugy, *L'extinction de l'homme ; le projet fou des antispécistes*, Paris, Tallandier, 2021, qui étudie en détail les conséquences et les inconséquences du discours antispéciste.
3. Cédric Stoltz, *De l'humanisme à l'antispécisme ; le XXIe siècle est celui des animaux*, Montréal, Ovadia, 2019.

en sujets, dotés d'une sensibilité et d'une identité propres à préserver, la deuxième les érige en sujets de droit, dotés d'une personnalité et d'une autonomie juridiques.

> Accorder aux animaux des droits de base équivalents à ceux des humains supposerait de modifier la conception même du contrat social sur lequel les lois s'appuient. L'adage d'Aristote selon lequel « l'être humain est par nature un animal politique », un *zôon politikon*, en grec, perdrait sa validité. On passerait d'une communauté d'animaux politiques exclusivement composée d'humains à une communauté d'une autre nature, dans laquelle « les animaux non humains » (pour parler comme les antispécistes) deviendraient eux aussi des animaux politiques. En somme, le fait politique ne serait plus le propre de l'homme : il deviendrait le propre de l'animalité en général[1].

Quelles sont les principales implications de cette seconde étape de la révolution antispéciste ? La première conséquence de cette révolution juridique est tirée par Gary Francione, autre penseur phare de l'antispécisme. Si les animaux sont des sujets de droit, leur catégorie juridique doit nécessairement évoluer. Ils ne peuvent plus être considérés comme des « biens meubles » ni comme des « propriétés » : « Leurs intérêts ne sont pas pris au sérieux par le système juridique, qui fait tout son possible pour s'assurer, à travers la doctrine de l'intérêt à agir, que les cas portant

1. Ariane Nicolas, *L'imposture antispéciste*, 2020, *op. cit.*, p. 65.

sur les animaux ne soient jamais portés devant les tribunaux[1] », note-t-il. À l'instar des esclaves qui étaient dénués de personnalité juridique et considérés comme des « propriétés », les animaux n'ont pas la possibilité d'avoir recours à la justice lorsque leurs intérêts sont offensés. Il est dès lors nécessaire de leur octroyer une personnalité juridique et par conséquent d'abolir la propriété des animaux. Cette évolution s'inscrit dans la droite ligne de la perspective tracée par Singer : il s'agit d'un approfondissement du principe d'égalité décrété entre les humains et les animaux.

La seconde conséquence de cette révolution juridique porte sur la nature de ces droits reconnus aux animaux. S'ils partagent des intérêts semblables à ceux des humains, il est nécessaire que ceux-ci soient protégés de façon identique. Ainsi, de même que les êtres humains parmi leurs droits fondamentaux comptent un droit à la sécurité, les animaux doivent pouvoir bénéficier d'une protection physique similaire et ont donc le droit de ne pas subir de torture[2]. Deuxième droit fondamental : à l'instar des êtres humains, les animaux ont intérêt à ne pas être tués de façon prématurée. Aussi, les animaux bénéficient-ils d'un droit à la vie.

Autre droit fondamental reconnu aux animaux : celui d'être libre et de ne connaître aucun assujettissement. Ces trois droits fondamentaux sont au cœur des revendications portées par le

---

1. Gary L. Francione, *Animals, property, and the law*, Philadelphie, Temple University Press, 1995, p. 65.
2. Valéry Giroux, Renan Larue, *Le véganisme*, 2017, *op. cit.* p. 62.

courant animaliste et les militants végans. Ils impliquent concrètement une redéfinition complète des relations de l'homme à l'animal. Si ce dernier ne doit pas connaître de douleur, ni être tué, ni même être privé de sa liberté, il ne s'agit pas seulement d'interdire l'élevage, les pratiques de chasse et de pêche ou les activités de loisirs comme les zoos ou les cirques, mais aussi d'interdire les animaux de compagnie. Un végan conséquent, s'il souhaite se conformer pleinement à la philosophie antispéciste, doit ne plus consommer ou utiliser des produits d'origine animale ni manifester son attachement aux animaux en adoptant un chien ou un chat. Reconnaître des droits aux animaux nécessite de mettre un terme à toute forme de domestication.

Faire société avec les animaux

Nous sommes aujourd'hui au troisième temps de la construction de la philosophie antispéciste. Après avoir décrété l'égalité entre les hommes et les animaux, puis leur avoir attribué une personnalité juridique et reconnu des droits fondamentaux, les penseurs qui animent le courant antispéciste s'interrogent à présent sur les moyens de « faire société » avec les animaux. Pour cela, ils essayent de définir un certain nombre de droits positifs leur permettant de bénéficier des services ou des ressources de la société. De même que la société française reconnaît et garantit le droit de vote ou le droit au chômage, les animaux, parce qu'ils sont membres à part entière de la communauté politique, doivent pouvoir bénéficier de droits positifs similaires définis par le législateur.

Ce sont sans doute les militants antispécistes Will Kymlicka et Sue Donaldson qui sont allés le plus loin dans la réflexion, dans un ouvrage justement intitulé *Zoopolis*[1], paru pour la première fois en 2011, qui présente une possibilité d'organisation de la communauté politique des animaux humains et non humains, pour reprendre la terminologie antispéciste. Ainsi que le rappelle justement Jean-François Braunstein[2], Kymlicka est un des théoriciens de la citoyenneté multiculturelle au Canada qui offre la possibilité aux immigrés et descendants d'immigrés de conserver leurs coutumes et leurs croyances plutôt que de s'assimiler: les différentes communautés cohabitent grâce à la pratique des accommodements raisonnables qui permettent d'assouplir la loi commune en fonction des orientations de chacun et grâce à l'instauration de la discrimination positive qui permet de représenter dans les différentes strates de la société chaque communauté. Il étend donc cette théorie aux animaux, y voyant la solution pour permettre aux différentes espèces animales de participer activement à la vie de la cité tout en gardant les spécificités inhérentes à l'espèce.

> Il faut que ceux-ci soient intégrés à la société politique mais d'une manière différenciée, analogue à celle par laquelle les minorités ethniques sont intégrées [dans la société canadienne]. Il

1. Will Kymlicka, Sue Donaldson, *Zoopolis; une théorie politique des droits des animaux*, Paris, Alma, 2016 [2011].
2. Jean-François Braunstein, *La philosophie devenue folle; le genre, l'animal, la mort*, Paris, Grasset, 2018.

ne s'agit pas de donner des « droits à l'animal » en général mais de tenir compte de la diversité des espèces animales parmi lesquelles Kymlicka et Donaldson distinguent espèces domestiques, sauvages et « liminaires ». Il est donc possible d'avoir des relations justes et équitables avec les animaux, notamment les animaux domestiques[1].

Précisons d'emblée que Kymlicka et Donaldson ne s'inscrivent pas entièrement dans la logique abolitionniste formulée par Gary Francione et reconnaissent la possibilité d'avoir des animaux de compagnie. Ceux-ci, conformément au corps de doctrine antispéciste, sont néanmoins dotés d'une personnalité juridique propre et surtout disposent d'un certain nombre de droits. Les auteurs de *Zoopolis* postulent donc qu'au-delà de l'égalité de principe entre les espèces animales et l'homme formulée par Singer, il y a différentes catégories d'animaux correspondant à différents degrés de cohabitation ou de collaboration avec l'homme.

Dans leur théorie, les « animaux domestiques » constituent une catégorie à part entière dans laquelle ils rangent les animaux de compagnie, les chiens et les chats par exemple. Ils forment avec les humains « une communauté coopérative[2] ». Les deux auteurs antispécistes proposent donc d'attribuer à cette catégorie d'animaux la citoyenneté, à l'instar de celle dont peuvent bénéficier les enfants ou les handicapés mentaux : ils bénéficient de droits qu'ils ne

1. *Ibid.*, p. 174.
2. Will Kymlicka, Sue Donaldson, *Zoopolis*, 2016, *op.cit.*, p. 170.

peuvent exercer eux-mêmes et sont donc représentés par un tuteur. Ces citoyens non humains bénéficient de droits spécifiques : droit à la santé, droit à la sécurité et à la protection contre la prédation, droit à l'alimentation, droit à l'éducation, droit à la sexualité, à la reproduction et à la famille. À l'instar des « citoyens humains », ils peuvent également travailler, mais cela nécessite la mise en œuvre d'un droit du travail spécifique, de façon à leur offrir toutes les conditions de sécurité, de bien-être et même d'épanouissement au travail.

Les « animaux sauvages » sont une autre catégorie d'animaux. Kymlicka et Donaldson y regroupent les animaux qui n'ont pas de relation avec les hommes, tels que les grands fauves, le gibier ou les bêtes féroces comme le loup. Ces animaux, dans leur théorie, constituent autant de communautés politiques qu'ils forment d'espèces et disposent d'une « souveraineté » qu'il convient de respecter et de préserver. « Si un peuple "mène une existence indépendante", lui "accorde une valeur" et "résiste" à la domination étrangère, s'il est possible d'"identifier ses intérêts à travers son organisation sociale", il doit être considéré comme un nouveau peuple souverain[1]. » La nation française, suivant le droit international, se garde de toute ingérence dans les affaires de la nation espagnole, par exemple. Conformément à cette théorie politique, elle devrait également s'interdire toute ingérence auprès de la nation des lions ou des lièvres. Olivier Rognon, dans sa fiction politique, précise les modalités propres

1. *Ibid.*, p. 244.

à cette catégorie d'animaux et s'interroge sur les problèmes que pose cette souveraineté nouvelle :

> La question de leur protection, ainsi que d'une aide alimentaire ponctuelle, furent aussi débattues et il fut décidé de limiter les interventions de type « paternaliste » au maximum, sur le modèle de la non-ingérence des peuples humains souverains. [...] Même si la prédation au sein des espèces animales semblait cruelle à [tous], les humains décidèrent d'adopter l'humilité, de ne pas chercher à la supprimer ou la réduire, par exemple par modification génétique des prédateurs comme le proposaient certains transhumanistes. Accepter cette violence comme un facteur d'équilibre entre les populations et le territoire qu'elles habitaient semblait plus réaliste pour l'instant, la suppression de la prédation de l'espèce humaine représentant déjà un progrès considérable[1].

Il s'agit d'un décalque des principes qui régissent les relations internationales et les débats qui agitent acteurs et spécialistes des relations internationales, tel que le droit d'ingérence humanitaire, autorisant l'intervention d'une nation étrangère pour mettre un terme à une situation d'atteinte intolérable aux droits de l'homme, ici transposés au monde animal. Face aux actes de prédation des loups envers les agneaux, qui portent cruellement atteinte à leurs droits fondamentaux, est-il légitime d'envisager l'intervention d'une puissance extérieure, à savoir l'espèce humaine ? Telles sont les interrogations qui animent la communauté antispéciste

1. Olivier Rognon, *Vers une société végane*, 2018, *op. cit.*, p. 61.

dans son travail d'élaboration d'une théorie politique pour une société animaliste.

Enfin, les « animaux liminaires » constituent la troisième et dernière catégorie arrêtée par Kymlicka et Donaldson. Il s'agit des bêtes « qui vivent au voisinage des humains dans les villes sans être domestiqué[e]s, comme les rats, les souris, les goélands, les pigeons, les chats sauvages et autres écureuils[1] ». À ceux-là, qui ne sont ni des animaux sauvages ni des animaux domestiques mais gravitent à proximité immédiate de l'espèce humaine, il est proposé de leur octroyer un statut de « résident », qui « permet de les reconnaître comme des co-résidents de nos espaces urbains, bien qu'ils ne soient ni capables ni désireux d'intégrer notre projet de citoyenneté coopérative[2] ». Venant préciser le propos théorique, Olivier Rognon imagine que ces résidents bénéficient de « représentants humains » au sein des collectivités territoriales afin de s'assurer que leurs intérêts soient bien pris en compte, puisque « ces individus étaient autant chez eux que les humains et qu'ils étaient même souvent là avant[3] ».

L'idéologie antispéciste n'en finit donc pas de s'enrichir et cherche à donner corps le plus possible au principe d'égalité entre les hommes et les animaux dégagé par Peter Singer, allant même jusqu'à imaginer un nouveau contrat social

1. Jean-François Braunstein, *La philosophie devenue folle*, 2018, *op. cit.*, p. 177.
2. Will Kymlicka, Sue Donaldson, *Zoopolis*, 2016, *op. cit.*, p. 30-31.
3. Olivier Rognon, *Vers une société végane*, 2018, *op. cit.*, p. 62.

permettant d'assurer le vivre-ensemble entre les différentes espèces animales et les hommes. Cette philosophie s'inscrit pleinement dans le processus démocratique décrit par Tocqueville. Elle est animée par la passion de l'égalité et, à l'heure où l'égalisation des conditions s'est achevée dans nos sociétés occidentales, elle offre à ce processus un regain de dynamisme, une énergie nouvelle, en cherchant à penser l'égalité au-delà de l'espèce humaine. Cette philosophie et ses implications pratiques ne manquent cependant pas de soulever nombre d'interrogations ni d'attirer leur lot de critiques légitimes. Aussi souhaiterions-nous d'ores et déjà formuler trois séries de remarques quant aux limites ou aux impasses de la philosophie antispéciste.

Impasses et limites philosophiques

L'antispécisme soulève plusieurs interrogations majeures autour des trois éléments fondamentaux de sa philosophie que sont l'animal, la souffrance et la liberté.

De l'animal

Bien qu'il occupe une place centrale dans le discours antispéciste, force est de constater que l'animal y fait l'objet d'une vision très pauvre. Étudiant les différents statuts juridiques auxquels sont soumis les animaux en droit français, Francis Wolff conclut :

> L'Animal en tant que tel n'existe pas. Ce qui existe, ce sont des types de relations homme/animal qui déterminent différents régimes

juridiques d'animaux et, le cas échéant, diverses conduites humaines répréhensibles[1].

En effet, le droit français distingue les animaux domestiques, qui relèvent du code rural et du Code civil pour les questions patrimoniales, des animaux sauvages, qui dépendent du code de l'environnement et qui peuvent, le cas échéant, être classés en espèces protégées ou nuisibles. Seuls les animaux « appropriés », qui appartiennent à un propriétaire, qu'il s'agisse d'une personne privée ou morale, sont des êtres individualisés juridiquement. À l'inverse d'une telle classification, le discours antispéciste porte sur l'animal en général : il faut libérer l'animal, quels que soient sa nature, son rôle, son degré de dangerosité ou sa possible proximité avec l'homme. Le loup est traité de façon égale à l'agneau. C'est l'animal sauvage qui constitue le modèle de référence, à la fois parce qu'il n'a pas de relations a priori avec l'homme, parce qu'il symbolise la nature dans sa dimension la plus authentique et parce qu'il incarne la liberté la plus complète : il n'est pas exploité et représente une forme de pureté.

Les animaux que cherchent à libérer les antispécistes sont d'abord les animaux domestiques, ceux que l'on trouve dans les élevages. Ce sont eux qui représentent la majorité des animaux, bien plus que les bêtes sauvages chassées ou pêchées dans le cadre d'activité de loisirs ou apprivoisées pour effectuer des numéros de cirque. Or, les

1. Francis Wolff, « Des conséquences morales et juridiques de l'inexistence de l'animal », in *Pouvoirs*, n° 131, 2009/4, p. 135-147.

animaux que l'on trouve dans les élevages ne sont plus des animaux « naturels »: dix millénaires d'élevage ont abouti à d'importantes sélections génétiques et donné lieu à autant de croisements. Des espèces ont disparu, de nouvelles sont apparues. Rompre les liens avec ces animaux en abolissant la protection animale, c'est les condamner doublement: d'un point de vue quantitatif tout d'abord, en entraînant la disparition de millions d'animaux du fait de la fermeture de tous les élevages; d'un point de vue qualitatif ensuite, en provoquant la disparition d'espèces qui n'auront plus la moindre utilité en l'absence de consommation de produits d'origine animale. C'est sur ce point précis que les antispécistes divergent des écologistes. Contrairement à ces derniers, ils ne placent pas au cœur de leur combat et de leurs préoccupations la préservation des écosystèmes ou la lutte contre la disparition d'espèces menacées. Ils cherchent à abolir les relations entre les hommes et les animaux, celles-ci étant perçues comme foncièrement inégalitaires.

Cette pauvreté de conception de l'animal est également renforcée par une compréhension exclusivement biologique des caractéristiques humaines. Sous l'effet du développement de la génétique et de l'éthologie croît un discours scientifique qui affirme la continuité et la proximité de toutes les formes du vivant: l'homme n'aurait que 1 % de différence génétique avec le chimpanzé et seulement 20 % avec la souris; certains animaux sont doués d'une forme de conscience, capables d'émotion, possèdent un langage propre, etc. « En réalité, note Francis Wolff, le vocabulaire a changé plus que nos connaissances. Ce qui était mis au compte de concepts réservés à l'animalité ("l'instinct", "le répertoire comportemental inné") est désormais traduit en termes jadis réservés à l'humanité[1]. » Ce type de discours permet aux antispécistes de souligner l'identité commune entre l'homme et l'animal, d'atténuer les distinctions entre les espèces et d'affirmer la nécessité d'un traitement indifférencié et non discriminant. Or, dès lors qu'ils réfléchissent à un modèle d'organisation de la société, malgré leurs prémices scientifiques et les principes philosophiques qu'ils ont posés, les antispécistes sont obligés d'établir des distinctions et des différences de traitement entre les espèces animales. Dans *Zoopolis*[2], par exemple, Will Kymlicka et Sue Donaldson distinguent les animaux de compagnie des animaux sauvages, des animaux liminaires et des « animaux humains ». Si tous les animaux, quelle que soit leur nature, sont des êtres sensibles, il n'est pas possible de passer outre les différences entre espèces : une colonie de chimpanzés n'accédera jamais à un degré d'autonomie (ou de civilisation pour le dire autrement) équivalent à une colonie d'hommes et de femmes.

De la liberté

Cela nous conduit à la deuxième série de remarques, consacrée à la question de la liberté. Là encore, les antispécistes font preuve

---

1. Francis Wolff, *Trois utopies contemporaines*, 2017, *op. cit.*, p. 86-87.
2. Will Kymlicka, Sue Donaldson, *Zoopolis*, 2016, *op.cit.*

d'une conception très étroite de cette notion. Qu'entendent-ils exactement par l'expression de « libération animale » sinon le fait, pour les animaux, de ne pas voir leurs mouvements entravés, de ne pas subir les affres de l'enfermement dans une basse-cour, un enclos ou un élevage ? C'est là le degré zéro de la liberté, au sens d'avoir la liberté d'aller et venir selon son gré, à l'instar des animaux sauvages. Et, comme le souligne justement Ariane Nicolas, il est peu probable que les animaux aient la capacité de mesurer les effets de cette forme de liberté. Ouvrir grand les portes du poulailler et déclarer « Poules, vous êtes libres ! » ne changera rien à leur vie quotidienne : elles continueront à pondre leur œuf quotidien. En revanche, elles courront un risque nouveau en étant exposées à d'éventuels prédateurs et en perdant la protection dont elles bénéficiaient dans un élevage.

Ariane Nicolas conclut :

> La « libération animale » n'est donc qu'une mystification. Jamais un animal ne pourra être libre. Il sera peut-être indépendant des humains, affranchi de notre présence. Mais la liberté ne peut se réduire à l'éloignement physique d'une hypothétique source d'aliénation, à *l'absence de l'autre*. [...] La liberté c'est *l'autonomie morale*[1].

Or, cette liberté, de nature plus politique, est impossible aux animaux. En effet, l'insistance sur la proximité biologique et éthologique entre l'homme et les animaux masque cette différence

1. Ariane Nicolas, *L'imposture antispéciste*, 2020, *op. cit.*, p. 86.

fondamentale entre eux et nous. Contrairement à l'homme, jamais les animaux ne seront capables de se représenter leurs relations sociales ni d'interroger leur modèle d'organisation collective. Ainsi que le souligne l'anthropologue Maurice Godelier, il n'y aura jamais de Nuit du 4 août chez les animaux, aussi intelligents et aussi génétiquement voisins de l'homme soient-ils[1]. Cette aptitude à établir des libertés, à poser des limites à l'action des uns et des autres, à remplacer un système d'organisation sociale par un autre, comme ce fut le cas lors de l'abolition des privilèges et de l'élaboration de la Déclaration des droits de l'homme et du citoyen, n'appartient pas aux animaux. Être capable de vivre non plus en meute ou en troupeau, mais dans une communauté politique est le propre de l'homme. En oblitérant cette distinction fondamentale, les antispécistes renversent le sens des mouvements de libération politiques dans lesquels ils prétendent s'inscrire. Le mouvement de libération des femmes, par exemple, ne visait pas uniquement à leur offrir la possibilité d'aller et venir à leur gré ni à les doter d'un certain nombre de droits dont elles étaient alors dénuées, mais à leur donner une autonomie politique, à leur octroyer une capacité à agir par elles-mêmes dans les affaires de la cité au niveau collectif et à prendre leur destin personnel en main au niveau individuel. Chose que seront incapables de faire des animaux « libérés » et même dotés de la panoplie de droits la plus complète.

1. Cité par Élisabeth de Fontenay, in Alain Finkielkraut (dir.), *Des animaux et des hommes*, Paris, Stock, 2018.

De la souffrance

La notion de souffrance est le pendant de la notion de liberté chez les antispécistes, et en cela, elle constitue le cœur et le moteur de leur réflexion politique. L'ethnologue Catherine-Marie Dubreuil note que « les antispécistes souffrent de la souffrance[1] ». Leur appréhension de la réalité, et surtout de la situation des animaux, s'effectue principalement à travers ce prisme. Si cette notion revêt une telle importance dans la pensée antispéciste, c'est parce qu'elle englobe à la fois la douleur physique que peut éprouver un animal, la souffrance psychique dont il peut être victime, mais aussi la situation de domination qu'il subit de la part de l'homme: le fait de ne pas être autonome serait source de souffrance pour les animaux. Sont ainsi amalgamées des souffrances de différentes natures et de différents degrés, qu'il s'agisse d'actes de violence ou de cruauté, d'entraves physiques, de phénomènes de stress ou de situations d'inconfort. Surtout, est également posé le postulat que toutes les relations entre l'homme et les animaux, notamment lorsqu'elles prennent la forme de l'élevage, se réduisent à une relation à sens unique et s'apparentent à des pratiques coercitives condamnables.

Cette définition très générale et indifférenciée de la souffrance empêche les antispécistes de distinguer les comportements qui équivalent à des actes de torture, de violence gratuite ou de cruauté et qui tombent justement sous le coup

1. Catherine-Marie Dubreuil, *Libération animale et végétarisation du monde; ethnologie de l'antispécisme français*, Aubervilliers, Comité des travaux historiques et scientifiques, 2013, p. 112.

de la loi, d'attitudes plus équivoques qui peuvent faire l'objet de réformes dans le cadre de l'amélioration du bien-être animal. Car la recherche du bien-être animal ne présente pas un effort suffisant à leurs yeux: il s'agit d'une forme de réformisme qui n'abolit pas la souffrance inhérente à la vie de l'animal qui s'achèvera malgré tout sur une chaîne d'abattage. Les efforts engagés depuis de nombreuses années par les pouvoirs publics pour améliorer le bien-être animal, les dispositifs législatifs ou réglementaires adoptés pour réduire les effets de stress ou épargner des souffrances inutiles, ne visent selon eux qu'à préserver et entretenir un système qu'ils réprouvent et condamnent dans sa globalité. Ainsi que le souligne le penseur antispéciste Tom Regan:

> Il n'y a aucune donnée empirique, historique, qui suggère qu'on se débarrasse de quelque chose en commençant par le réformer. Les pratiques qui ont été abolies, comme l'esclavage, n'ont pas d'abord été réformées. En fin de compte, les gens les ont mises à la poubelle [...]. Quand vous réformez l'injustice, mon opinion est que vous la prolongez[1].

Du fait d'une conception aussi englobante de la souffrance, les antispécistes condamnent également les rapports qui s'établissent entre l'homme et l'animal et qui sont réduits à une relation de domination. Or, les liens entre l'homme et l'animal ne sont pas à sens unique, ainsi que l'explique l'essayiste Jocelyne Porcher. Ancienne éleveuse

1. Thomas Regan, « Interview de Tom Regan », in *Cahiers antispécistes*, n° 2, janvier 1992.

désormais sociologue, elle avance l'idée que l'élevage est une relation à double sens, une forme de contrat implicite passé entre l'homme et l'animal. En effet, celui-ci assure à l'animal la satisfaction de ses besoins vitaux et le protège des agressions extérieures en échange de son travail quotidien, et à terme, le cas échéant, de sa chair. Si la portée de ce contrat moral entre l'homme et la bête demeure toujours dans les élevages extensifs, c'est-à-dire dans les exploitations agricoles qui cherchent à préserver ce lien traditionnel, il est évident qu'elle s'est sensiblement atténuée dans les élevages intensifs, où les impératifs de production ont pris le pas. Jocelyne Porcher regrette ainsi que les mouvements antispécistes contribuent à entretenir volontairement la confusion « entre élevage et productions animales, entre élever les animaux et les produire, entre travailler avec des animaux et les exploiter comme des choses industrielles[1] ».

La radicalité de l'antispécisme empêche de pleinement mesurer la complexité de la relation qui s'est tissée depuis l'institution de l'élevage entre les hommes et les animaux. Plutôt que d'essayer de reconstruire ce lien mis à mal par l'industrialisation de l'élevage, les militants antispécistes, en prônant l'abolition de l'exploitation animale, cherchent à le rompre définitivement. Pour eux, hommes et animaux doivent vivre dans des univers distincts, sans apports mutuels. Les antispécistes ne cherchent pas à reconstruire une troisième voie, entre l'élevage intensif et

1. Jocelyne Porcher, « Demain, une agriculture sans élevage ? », in *Pour, la revue du groupe ruralités, éducation et politiques*, n° 231, 2016/3, p. 255 à 261.

l'abolition. Les antispécistes ne sont pas animés par l'esprit du don et contre-don : ils ne cherchent pas à payer la dette que nous contractons envers les animaux en échange de leur consommation[1].

Comment expliquer cette radicalité propre au mouvement antispéciste qui est prêt à tirer un trait sur une relation qui a façonné des cultures et des civilisations entières ? Pourquoi ce nouveau courant d'idées ne cherche-t-il pas à privilégier le retour à une forme « heureuse » de la relation entre l'homme et l'animal ? L'ignorance et la naïveté sont un facteur d'explication à ne pas négliger. La transformation des modes de vie et la mécanisation du monde agricole nous ont éloignés des animaux et tout particulièrement des animaux de rente : la relation de travail qui se tissait entre l'homme et la bête et le respect mutuel qui en découlait ne sont désormais connus et appréciés à leur juste valeur que par une portion de personnes qui s'adonnent encore à l'élevage ou s'inscrivent dans des pratiques agricoles traditionnelles.

On peut également postuler, en suivant le raisonnement d'Ariane Nicolas, que « la haine de l'élevage animal est peut-être le signe d'une difficulté plus large à vouloir élever quelqu'un ou quelque chose, à véritablement se penser comme un éleveur et un passeur intergénérationnel[2] ». Le refus de cette relation asymétrique, que l'on retrouve entre un élève et son maître par exemple, reflète la crise de l'autorité qui traverse notre siècle :

1. Jocelyne Porcher, *Bien-être animal et travail en élevage*, Paris, INRA, 2004.
2. Ariane Nicolas, *L'imposture antispéciste*, 2020, *op. cit.*, p. 128.

l'autorité est principalement vue comme une force coercitive qui entrave et qui oppresse, plus qu'elle n'éduque et ne transforme. Le succès d'audience du discours antispéciste serait un indice supplémentaire de la prégnance de cette crise.

On peut également soutenir que l'affaissement de la logique du don et contre-don qui présidait à la relation entre l'homme et l'animal résulte de l'extension de la société de marché. Désormais les rapports humains tendent à adopter une logique marchande et nos échanges une forme mercantile : le contrat se substitue au don. Aussi, les dettes symboliques que nous pouvons contracter envers nos pairs, ou envers les animaux domestiques en l'occurrence, n'ont-elles plus autant de sens que par le passé et ne parviennent-elles plus à s'inscrire dans notre système de valeurs. Le développement de l'antispécisme et son audience grandissante seraient donc, non pas l'annonce d'un possible changement à venir, mais le marqueur d'un basculement anthropologique qui est en train de s'achever : la génération des Trente Génériques est ainsi la première génération à n'avoir pas connu « le monde d'avant » et à évoluer au sein d'un paradigme inédit. La vision du monde proposée par l'antispécisme répondrait ainsi à ses attentes, correspondrait à l'univers mental qui est le sien. Mais dans une société de marché où l'ensemble du monde est abordé par le prisme mercantile, le seul moyen d'extraire certains éléments de cette sphère consiste à les doter d'une valeur morale. En faisant des animaux les égaux de l'espèce humaine, les antispécistes cherchent à les sortir de cette dimension mercantile sans remettre en cause la société de marché. Si l'antispécisme paraît s'opposer au

« système capitaliste » et au libéralisme, et pourrait présenter des accointances avec certains mouvements anticapitalistes d'extrême gauche, il ne le fait que sur un point très précis, la question animale. D'ailleurs, l'antispécisme ne se définit pas comme adversaire du capitalisme : il s'oppose au « carnisme ».

À l'assaut de l'idéologie carniste

Le carnisme est, selon les végans, « une idéologie qui nous conditionne à regarder comme bon, juste, naturel et nécessaire de manger, et plus généralement d'assujettir, les membres de certaines espèces animales[1] ». Aujourd'hui nous sommes en mesure de nous dispenser de consommer des produits animaux, grâce au progrès technique qui nous permet de bénéficier de ressources alternatives d'origine végétale. Le fait donc que nous continuions à manger de la viande, de boire du lait ou d'utiliser des intrants animaux dans l'élaboration de tel ou tel produit sans aucune nécessité apparente relèverait de la stricte idéologie, consciente ou non. Les végans ne se pensent donc pas comme des idéologues cherchant à faire du prosélytisme, mais comme des déconstructivistes cherchant à ouvrir les yeux à l'ensemble de la société, « en lutte contre une supposée idéologie qu'ils ont en réalité créée de toute pièce[2] », explique Ariane Nicolas dans

---

1. Valéry Giroux, Renan Larue, *Le véganisme*, 2017, *op. cit.*, p. 9.
2. Ariane Nicolas, *L'imposture antispéciste*, 2020, *op. cit.*, p. 48.

L'imposture antispéciste.

Pour lutter contre le carnisme, les militants végans cherchent à mettre en avant l'incohérence supposée des consommateurs de viande, ce qu'ils désignent sous la formule « paradoxe de la viande[1] ». Comment peut-on aimer consommer de la viande, dont l'origine est majoritairement industrielle, alors qu'une large majorité de Français rejette l'élevage intensif (83 % selon une enquête menée par l'IFOP en 2019 pour le collectif 30 millions d'amis) ? En réponse à cette question, les végans soutiennent que leur mode de vie permet de surmonter cette incohérence et, qu'à tout le moins, l'adoption d'un régime végétarien ou végétalien offre la possibilité de concilier cette dissonance cognitive. Surtout, ils dénoncent toutes les stratégies mises en œuvre par l'idéologie carniste pour masquer le plus possible cette incohérence et gérer au mieux ce paradoxe.

Parmi celles-ci, l'évitement est sans doute la plus commune. « Avec l'élévation historique de la sensibilité envers les animaux et le rejet croissant de la cruauté envers eux, s'est corollairement intensifiée la dissimulation de leur omniprésence dans l'alimentation[2] » : la relégation des abattoirs à la périphérie des villes ou en rase campagne et la disparition de l'exposition de carcasses entières sur les étals des boucheries sont sans

1. Pour une étude complète, on se reportera utilement à l'article « Paradoxe de la viande » de Laurent Bègue-Shankland, in Renan Larue (dir.), *La pensée végane ; 50 regards sur la condition animale*, Paris, Presse Universitaire de France, 2020.
2. *Ibid.*

doute les deux phénomènes les plus notables. L'euphémisation et la dissociation constituent une autre stratégie : l'animal devient de la viande, le cochon du porc, sa cuisse du jambon. Le langage vient masquer la réalité et dissocier l'espèce animale du produit alimentaire final. La stratégie de communication des principaux distributeurs de l'agroalimentaire s'inscrit dans cette perspective : régulièrement, la publicité ou les emballages de produits alimentaires d'origine animale présentent des animaux gambadant joyeusement en plein air dans un milieu champêtre, à cent lieues de la réalité des élevages intensifs.

Autre critique récurrente du carnisme : il n'y a pas de « viande heureuse ». Les végans appellent ainsi la viande issue de l'élevage extensif. Contrairement à ses pairs, l'animal n'aura pas connu l'élevage en batterie, mais les vertes prairies. Il s'agit d'une viande qui est issue de l'agriculture traditionnelle et qui, le plus souvent, répond aux critères du bio et à toutes les exigences en matière de bien-être animal. Ce sont les produits que l'on peut trouver en boucherie, qui font l'objet d'une traçabilité accrue et qui sont a priori de meilleure qualité que la viande achetée en grande surface. C'est, en quelque sorte, un produit artisanal et non industriel. Les végans qualifient ce regain d'intérêt pour la viande de qualité de « réaction néocarniste[1] » : le néocarnisme vise à « concilier compassion pour les animaux et maintien des habitudes alimentaires[2] ». Ici, le

1. Élise Desaulniers, Martin Gibert, « Carnisme », in *La pensée végane*, 2020, art. cit.
2. *Ibid.*

consommateur porte une attention singulière au bien-être animal et s'engage dans une démarche particulière d'achat choisi. Or, pour le végan, cet engagement n'est pas suffisant, seule l'abolition de l'exploitation animale doit être recherchée.

Devant lutter contre des siècles de tradition et le poids des habitudes alimentaires, le végan insiste régulièrement sur la dimension violente de « l'idéologie carniste », tenue responsable de millions de meurtres chaque année, afin de provoquer un choc émotionnel à même de faire réagir le « carniste » sur son comportement alimentaire.

> Le carnisme contemporain s'organise autour d'une violence intensive. Ce niveau de violence est nécessaire pour abattre suffisamment d'animaux afin que l'industrie de la viande puisse maintenir ses profits. La violence du carnisme est telle que la plupart des gens ne sont pas disposés à la regarder, et ceux qui le peuvent s'en trouvent grandement bouleversés[1].

La dénonciation de cette violence peut prendre des formes inattendues. C'est ainsi qu'une devanture de boucherie à Toulouse, au début du mois de décembre 2020, a été taguée : « le corona tue moins que le boucher ».

Le « carniste » est un homme violent, et certains de ses traits s'apparentent aux pires exactions que peuvent commettre un raciste ou un sexiste et que le végan s'efforce de révéler à la

1. Melanie Joy, *Introduction au carnisme; pourquoi aimer les chiens, manger les cochons et se vêtir de vaches*, Paris, L'Âge d'homme, 2016, p. 46.

face du monde. Tuer un animal est ainsi qualifié de « meurtre alimentaire », inséminer une vache de « viol » et la traire d'« attouchement sexuel ». Le monde de l'élevage serait ainsi un lieu d'abus et de violence, et les consommateurs finaux, par extension, des complices, ou à tout le moins des personnes préférant détourner la tête que porter assistance à un animal en danger. Les images volées qui sont régulièrement diffusées sur le web par les végans ou les militants animalistes s'inscrivent dans cette logique: ils agissent comme des lanceurs d'alerte, dénonçant des abus et des situations immorales que le système carniste chercherait à tout prix à cacher.

Les abattoirs concentrent les principales charges de cette rhétorique qui irrigue tous les discours végans et antispécistes. S'appuyant sur les rapports officiels des organismes et institutions publics, comme FranceAgriMer ou la FAO (l'Organisation des Nations unies pour l'alimentation et l'agriculture), les végans dénoncent le fait qu'environ un milliard d'animaux sont abattus en France chaque année ou que cinquante-sept milliards d'animaux (sans compter les poissons) sont consommés annuellement dans le monde. Cette rhétorique qui cherche à choquer et émouvoir pour convaincre ne recule devant aucune outrance. Aussi n'est-il pas rare de lire des comparaisons entre le fonctionnement des camps d'extermination et celui des abattoirs : le carnisme serait alors aux animaux ce que fut le nazisme aux juifs.

Un éternel Treblinka ?

C'est le livre de Charles Patterson, *Un éternel Treblinka*[1], publié en 2002 et traduit en français en 2008 qui a contribué à largement diffuser le parallèle entre camps d'extermination et abattoirs. L'idéologie spéciste, consistant à établir une hiérarchie entre les espèces, conjuguée à l'idéologie carniste encourageant la consommation de produits d'origine animale, est ainsi tenue responsable des plus terribles actions que le monde ait pu connaître et devient une grille de lecture de l'histoire :

> L'animalité justifie deux desseins aux conséquences funestes : le premier nous fait sombrer dans une névrose en donnant l'illusion de s'approcher de Dieu par l'avilissement des animaux ; le second en créant un concept diabolique au service de toutes les exclusions et de bien trop d'exterminations. [...] Tous les massacres perpétrés contre d'autres hommes commencent par le principe d'exclusion de l'animalité : on dénie à l'autre son humanité pour mieux l'éliminer, des guerres tribales au camp d'extermination. Déshumaniser pour mieux exterminer. L'industrie de la mort mise en place par les nazis se fonde sur ces deux caractéristiques fondamentales de la pensée occidentale, l'animalité et la technique[2].

Dès lors, le végan, en refusant ce système alimentaire, endosse le rôle du Juste parmi les Justes. De façon tout à fait pertinente, Ariane Nicolas dans *L'imposture antispéciste*[3] note qu'il y a un

1. Charles Patterson, *Un éternel Treblinka*, Paris, Calmann-Lévy, 2008 [2002].
2. Pascal Picq, *Nouvelle histoire de l'homme*, Paris, Tempus, 2007.
3. Ariane Nicolas, *L'imposture antispéciste*, 2020, *op. cit.*

« fantasme du sauvetage » qui traverse le mouvement animaliste. Cela s'explique sans doute par le fait que de nombreux philosophes antispécistes ou militants végans sont marqués, à titre personnel, par le génocide des juifs. Ce traumatisme continue de marquer la jeune génération de militants végans et antispécistes : c'est une des conséquences des progrès de l'historiographie et de l'évolution de l'enseignement de la Seconde Guerre mondiale qui a peu à peu dissipé le mythe de la France résistante et levé le voile sur l'esprit de collaboration et la passivité d'une large part de la population française. Si leur histoire familiale n'est pas marquée par les camps de concentration et d'extermination, ils redoutent de rester à leur tour passifs si pareille situation se reproduisait. Leur implication pour la libération des animaux est une manière de se donner bonne conscience face à un « passé qui ne passe pas », selon l'expression de Henri Rousso.

Cette comparaison entre les camps d'extermination et les abattoirs est récurrente dans la pensée végane. Il convient cependant de faire preuve de décence concernant cette analogie : les similitudes que l'on pourrait repérer masquent en fait des différences essentielles. Au rang des similarités, on notera l'industrialisation de la mort et la rationalisation des processus poussée jusqu'à son maximum, afin de maximiser l'efficacité et la productivité, tout en minimisant le plus possible les coûts. Mais cette tendance à l'efficience la plus aboutie n'est pas propre aux camps d'extermination ni aux abattoirs : c'est une caractéristique de la société industrielle, qui s'appuie sur les ressources offertes par la technique pour accroître les rendements. L'horreur n'est pas de reproduire dans les abattoirs un processus similaire à celui des camps d'extermination, mais d'avoir mis en œuvre une tentative de génocide des juifs en s'appuyant sur des techniques industrielles sans cesse plus sophistiquées. En adoptant cette comparaison, les végans renversent le sens de l'Histoire. Surtout, il y a une différence essentielle entre les deux situations, les éleveurs font naître les animaux quand les nazis n'ont à aucun moment cherché à susciter une surgénération de la population juive. Le régime nazi haïssait les juifs et a cherché à les faire entièrement disparaître alors que les « carnistes » ne détestent pas les animaux et cherchent encore moins à les éradiquer de la surface de la Terre.

Le véganisme se conçoit donc comme le pendant du « carnisme »: c'est un mouvement pacifiste, un mouvement de résistance et surtout un mouvement minoritaire face à l'hégémonie du système carniste qu'il cherche à renverser. C'est David contre Goliath, une position qui attire la sympathie et invite à la persévérance. Renan Larue et Valéry Giroux le reconnaissent:

> Bien sûr, l'ordre carniste n'est pas menacé à court terme, car les gens aiment le goût de la viande et sont attachés à leurs habitudes, mais cette hégémonie s'effrite et l'industrie agroalimentaire, à juste titre, s'en alarme[1].

L'antispécisme s'inscrit dans le temps long, sûr que la consommation de viande est condamnée à terme, tant sous l'effet du réchauffement

1. Valéry Giroux, Renan Larue, *Le véganisme*, 2020, *op. cit.*, p. 25.

climatique que sous l'effet de la dynamique démocratique qui s'étend désormais jusqu'aux animaux. Ce combat politique qui est mené à grands cris d'indignation, qui ne s'interdit ni les provocations ni les exagérations et s'appuie sur une importante propagande, commence à porter ses fruits.

La cause animale, nouvelle cause politique

La cause animale ouvre un nouveau terrain de lutte contre l'oppression, qui emprunte à la fois au marxisme révolutionnaire et aux différents mouvements de libération qui traversent les sociétés occidentales depuis les années 1950. L'animal offre en effet le commode avantage de pouvoir être considéré comme une victime totale dont l'homme est le bourreau. Il concentre toutes les oppressions et réunit autour de sa figure tous les mouvements d'émancipation. Il incarne tout à la fois la lutte contre l'antisémitisme, contre le sexisme, contre le racisme. Avec la cause animale se dessine ainsi une nouvelle Internationale : la souffrance animale ne connaît pas de frontières. Le système agroindustriel est une miniaturisation du système capitaliste et l'animal incarne un nouveau prolétaire. Surtout, l'animal possède une vertu suprême : il ne parle pas. Chacun peut donc s'en faire le porte-parole et y projeter ses passions politiques.

Cela explique pourquoi les mouvements radicaux se sont emparés de la cause animale. Il y a évidemment un phénomène de pur opportunisme. Compte tenu du nouveau rapport à l'animal qui se dessine dans nos sociétés, ainsi qu'on l'a vu au début de ce chapitre, ce sujet permet d'agréger autour d'eux de nouveaux militants, jusqu'alors imperméables à leurs combats. Mais il y a également, dans cet attrait pour la cause animale, une dimension beaucoup plus idéologique. Alors que la fin du XXe siècle s'est caractérisée à la fois par l'émancipation de nombreuses catégories sociales (les femmes, les homosexuels, les minorités) et par le reflux de l'idée socialiste, l'animal offre un nouveau champ de radicalité jusqu'alors inexploré. Il vient redynamiser et revivifier un corpus idéologique en passe de s'épuiser. La cause animale vient faire la jonction entre des militants sans idéal et un idéal sans militants.

Un renouveau de l'anarchisme ?

L'alliance de ces mouvements radicaux et de la cause animale se manifeste principalement par les phénomènes de violence qui se produisent à l'encontre des boucheries ou des abattoirs. Ces dernières années ont ainsi été marquées par des actes de vandalisme à répétition contre des commerces de viande. En 2018, à Lille par exemple, ce ne sont pas moins de quatre enseignes qui ont été attaquées : une boucherie, un restaurant spécialisé dans le canard, une rôtisserie et même une poissonnerie. Déjà l'année précédente, dans la même ville, sept commerces avaient été aspergés de faux sang. À Angers, une boucherie a eu le déplaisir de voir sa devanture dégradée et taguée : la devise commerciale « l'art, le goût, la tradition » s'est vue détournée en « l'art du meurtre, le goût de la mort, la tradition spéciste ». Plus récemment, c'est un boucher en personne qui s'est fait agresser dans les rues de Paris par une vingtaine de militants végans : en plein cœur d'un marché, dans le 10e arrondissement, il s'est fait asperger de faux sang et frapper par des antispécistes qui ont également détruit son stand.

Loin de condamner ces agressions, le mouvement végan encourage ces pratiques d'action directe qu'il considère comme faisant partie de l'ADN du mouvement[1]. En effet, l'antispécisme entretient d'étroites relations avec le mouvement anarchiste. Lorsque les premiers militants antispécistes anglais, qui multiplient les raids violents contre des laboratoires utilisant des animaux, fondent dans les années 1970 le Front de libération animale (ALF), le logo de l'organisation fait clairement référence à l'anarchisme avec la lettre A entourée. Les végans justifient également ces accès de violences par des considérations psychologiques :

> L'engagement antispéciste s'assimile pour eux à une forme de lucidité exacerbée, ce qui génère parfois un sentiment de décalage par rapport au reste de la société. Faire partie d'une minorité est souvent délicat, mais penser que la majorité de nos concitoyens sont dans l'erreur en mangeant de la viande ou en achetant d'autres produits d'origine animale, génère parfois des désagréments d'ordre psychologique[2].

C'est une véritable culture de l'excuse qui se met en place. La situation française offre également une autre justification, selon les végans : le dépit politique. La multiplication des agressions

1. Jérôme Segal, « Action directe », in *La pensée végane*, 2020, *op. cit.*
2. *Ibid.*, p. 40.

et des dégradations au cours des années 2018 et 2019 serait une réaction à l'adoption de la loi agriculture et alimentation dite « EGalim », dont les dispositions finales ne seraient pas suffisamment volontaristes, faute d'avoir retenu des amendements poussés par les lobbies animalistes comme l'installation de caméras de vidéosurveillance dans les abattoirs.

Pourtant, en parallèle de ces mouvements violents et en complet décalage avec leur combat prétendument isolé, force est de constater que la cause animale s'est progressivement institutionnalisée dans le débat public et qu'elle est désormais traitée par l'ensemble du spectre politique. La cause animale n'est plus l'apanage des mouvements gauchistes radicaux, mais tend à devenir un sujet d'intérêt pour les politiques de tous bords.

Un renouveau politique ?

La cause animale devient un sujet de plus en plus politique. Elle a occupé une place inédite durant la campagne présidentielle de 2017, chaque candidat avançant son train de propositions sur le sujet et les électeurs lui manifestant une attention particulière et nouvelle. Avant de retirer sa candidature, Yannick Jadot (EELV) promettait de mettre en œuvre toutes les préconisations formulées par la commission d'enquête relative à la situation des abattoirs et s'engageait à interdire l'élevage industriel. Jean-Luc Mélenchon (LFI) voulait redéfinir les normes d'élevage et diminuer la part de viande dans l'alimentation en la végétalisant. Le candidat du Parti socialiste, Benoît Hamon, annonçait la création d'un plan contre la maltraitance animale. Marine Le Pen (FN) érigeait la protection animale en priorité nationale. Emmanuel Macron (EM), quant à lui, promettait de mettre un terme aux pratiques d'élevage douloureuses, d'interdire à la vente les œufs de poules en batterie ou encore d'instituer « un organe autonome dédié aux animaux et indépendant du ministère de l'Agriculture et [de] donner une place significative aux associations compétentes dans les organes décisionnaires ». Elle promet d'en occuper une plus importante encore en 2022, sous l'effet de la déclaration de candidature d'Hélène Thouy : la candidate du Parti animaliste, même si elle ne va pas jusqu'au bout du processus, faute d'obtenir les fameuses cinq cents signatures, va offrir une visibilité inédite aux idées des animalistes et surtout inciter les autres candidats à radicaliser leurs propositions en faveur des animaux, afin de la concurrencer et de récupérer des voix. Car la cause animale tend à devenir un réel sujet électoral et à faire l'objet d'attentes toujours plus grandes de la part des électeurs. Selon un sondage mené par l'IFOP, en mars 2017, à la veille du scrutin présidentiel, 9 % des Français affirmaient que les positions des candidats sur la protection animale détermineraient « certainement » leur choix et 30 % indiquaient qu'ils en tiendraient « probablement » compte pour arrêter leur choix. Près de 40 % des électeurs accordent désormais de l'importance à ce sujet, soit dix points de plus qu'en 2012[1].

1. Jérôme Fourquet, *L'archipel français*, 2019, *op. cit.*, p. 67.

Quand la cause animale s'invite au Parlement

La cause animale tendrait-elle à devenir la nouvelle préoccupation à la mode des parlementaires ? C'est en tout cas ce qu'invitent à croire les chiffres. Alors que la législature actuelle n'est pas encore achevée, on ne recense pas moins de quarante-quatre dossiers législatifs relatifs à la question animale. C'est un nouveau record en la matière qui est établi puisque, lors de la précédente législature (2012-2017), ce sont trente-six propositions de loi en faveur de la cause animale qui avaient été déposées, soit à l'Assemblée soit au Sénat, quand on en comptait uniquement vingt-quatre lors de la précédente (2007-2012) et seulement dix pour la période 2002-2007.

Les parlementaires de tous bords multiplient les initiatives pour s'attirer les faveurs des sympathisants de la cause animale. Si les propositions avancées demeurent relativement classiques, les uns appelant à interdire l'élevage d'animaux à fourrure, les autres rappelant leur opposition à l'utilisation d'animaux dans les cirques, force est de constater que cette législature a apporté son lot de nouveautés en la matière, traduisant l'avancée des idées animalistes jusqu'au cœur du Parlement. Des parlementaires ont ainsi proposé de créer un Défenseur des droits des animaux, un corps d'agents de la protection animale assermentés, ou de modifier le statut juridique du cheval en le faisant passer d'animal de rente à animal de compagnie, etc. Si beaucoup de ces gesticulations parlementaires relèvent essentiellement de la posture, cette implication croissante sur le sujet doit néanmoins être prise au sérieux, car elle traduit des attentes électorales grandissantes.

Les animaux de compagnie ont occupé une place particulière dans les préoccupations des parlementaires puisque l'on compte dix propositions de lois sur ce sujet émanant de députés désireux de renforcer les sanctions contre les abandons et les mauvais traitements. Mais si le sujet a pris un tel relief, c'est surtout parce que le Premier ministre, Édouard Philippe, a missionné le député Loïc Dombreval, très engagé en faveur du bien-être animal, pour lui remettre un rapport relatif au bien-être des animaux de compagnie et des équidés. Au total, ce sont cent vingt et une recommandations qui ont été formulées et pour partie reprises dans la proposition de loi du 14 décembre 2020 visant à renforcer la lutte contre la maltraitance animale, soutenue par l'ensemble des députés se réclamant de la majorité gouvernementale, qui a fait l'objet d'une procédure d'adoption accélérée par le gouvernement. Outre un certain nombre de dispositions renforçant les sanctions contre la maltraitance animale, ce texte, adopté le 18 novembre 2021, prévoit également un durcissement des conditions d'adoption des animaux domestiques ainsi que l'interdiction de l'exploitation des visons d'Amérique pour leur fourrure. Surtout, il signe la fin progressive des animaux sauvages dans les cirques et l'interdiction des delphinariums dans un délai de cinq ans, et l'interdiction de la vente en animalerie de chiens et de chats à l'horizon 2024 (les députés, contre l'avis du Gouvernement et des sénateurs, souhaitaient initialement l'interdiction de toute vente d'animaux dans les animaleries…).

Cette loi, qui renforce la protection des animaux de compagnie, peut être lue comme le prolongement des dispositions du projet de loi

EGalim, adopté fin 2018, qui prévoyait un renforcement de la répression à l'encontre des mauvais traitements contre les animaux par les professionnels. En effet, les parlementaires ont étendu le délit de maltraitance animale aux établissements d'abattage et de transport d'animaux vivants et renforcé les sanctions afférentes. Parmi les autres dispositions notables, ils ont instauré dans chaque abattoir un responsable de la protection animale, doté du statut juridiquement protecteur de lanceur d'alerte, et ouvert aux abattoirs le désirant la possibilité d'expérimenter la vidéosurveillance. La mise en service de tout nouveau bâtiment d'élevage de poules pondeuses en cage a également été interdite.

Pour la première fois au cours la législature 2012-2017, une proposition de loi en faveur du bien-être animal avait fait l'objet d'une discussion en séance publique, allant ainsi jusqu'au bout du processus législatif avant d'être rejetée, et une commission d'enquête, sous la direction du député Olivier Falorni, avait été créée en 2016 à la suite de la publication de vidéos montrant des situations problématiques dans des abattoirs. La législature 2017-2022 marque une nouvelle avancée de la cause animaliste avec l'adoption, dans le cadre de la procédure accélérée, de la proposition de loi relative au renforcement de la lutte contre la maltraitance animale et surtout la fin de l'utilisation des animaux sauvages dans les cirques, revendication de longue date des défenseurs de la cause animale.

Autre fait nouveau, et qui traduit l'importante diffusion de la pensée animaliste dans la population, la cause animale est devenue un enjeu politique local. À l'occasion des élections municipales de 2020, on note que de plus en plus de mairies se sont dotées d'un adjoint ou d'un conseiller délégué à la condition animale. On ne recense pas moins de soixante-seize élus municipaux en charge de la condition animale dans des villes de plus de cinquante mille habitants[1]. Paris, Troyes, Toulon, Tourcoing, Roubaix, Valence, Strasbourg, Beauvais, Marseille, Lille, Le Havre, Béziers, Poitiers, Canne, Niort, Fréjus, Bordeaux, etc. : nombreuses sont les villes, qu'elles soient classées à droite ou à gauche, qui ont décidé de consacrer une partie de leur action exécutive à ce sujet. Assurément, s'il y a une nouveauté à noter concernant les municipales de 2020, c'est celle-là. La cause animale n'est pas seulement une politique qui peut être menée aussi bien à l'échelle locale qu'à l'échelle nationale, au même titre que le véganisme peut être une démarche particulière et un combat collectif : elle devient un enjeu majeur, sinon important, pour l'ensemble de l'électorat, quel qu'il soit, où qu'il habite. La cause animale sera-t-elle demain labellisée « Grande cause nationale », au même titre que les violences faites aux femmes, l'illettrisme, l'autisme ou la maladie d'Alzheimer ?

Cet intérêt pour la question animale affiché par l'ensemble du spectre politique n'est pas seulement le reflet des évolutions de la société et de cette nouvelle relation à l'animal que nous avons décrite au début de ce chapitre, mais traduit des transformations plus profondes. Cette sensibilité

1. URL : <https://www.politique-animaux.fr/politiciens>.

à la cause animale est le résultat de l'intense lobbying auquel se livrent les associations animales. Désormais, chaque élu peut voir son action en faveur des animaux évaluée et faire l'objet d'une notation : un parlementaire ou un élu local est régulièrement le destinataire de pétitions en tous genres en faveur de l'interdiction de l'élevage, de l'interdiction du commerce de la fourrure, de l'interdiction de la corrida, de l'interdiction de l'exploitation des animaux à des fins de recherche médicale, etc. Toute absence de réponse est sanctionnée, toute tentative d'adopter une position mesurée afin de peser le pour et le contre contribue à dégrader la note. Les associations animales instaurent une véritable dictature de la réputation.

Mais surtout, cet intérêt nouveau traduit le désarroi des partis politiques qui peinent à séduire de nouveaux adhérents. Cette thématique apparaît comme une manne nouvelle, fournissant à la fois de nouvelles idées et de nouvelles énergies propres à animer le débat public. Sur ce point, le mouvement animaliste bénéficie de la confusion qu'il entretient entre l'antispécisme et l'écologie. Pour nombre de responsables politiques, s'engager en faveur de la libération animale, c'est prendre position en faveur de la transition écologique. Or, il n'en est rien : ce sont deux conceptions de la nature qui s'opposent. Les antispécistes cherchent à terme à provoquer la rupture des relations entre l'homme et l'animal quand les écologistes cherchent à rétablir un équilibre au sein de l'écosystème. Les premiers, au nom de la libération animale, sont prêts à accepter la disparition d'espèces entières qui ne peuvent vivre qu'au contact de l'homme, quand les seconds, au nom de la protection environnementale, refusent de les voir s'éteindre. L'adhésion aux combats pour la cause animale leur permet d'afficher une générosité politique à faible coût, sans qu'ils n'en mesurent pleinement les conséquences.

Il n'est pas interdit non plus de se demander si l'investissement dont fait l'objet cette thématique ne traduit pas le désarroi qui s'empare du personnel politique. Alors que, sous l'effet de la mondialisation et du poids des multinationales ainsi que de l'intrication des sphères de compétences nationales, européennes et internationales, le politique peine de plus en plus à affirmer son périmètre de compétences et à démontrer l'efficacité de son action, la cause animale offre un terrain d'action inédit et relativement à l'abri des influences extérieures. Ne faut-il pas voir dans le fait que désormais la politique soit plus disposée à transformer la vie des animaux que celle des hommes un signe supplémentaire d'épuisement de notre système ? De la même manière que l'antispécisme signifie l'aboutissement de la dynamique démocratique qui s'est emparée de nos sociétés depuis deux siècles, l'entrée de la cause animale dans le débat politique ne signifie-t-elle pas l'aboutissement du pacte social-démocrate ? Dans nos sociétés occidentales, n'y a-t-il plus désormais d'émancipation collective qu'animale ?

*

La cause animale gagne de plus en plus d'influence. Ce n'est pas simplement un effet de mode, comme pourraient le faire croire le choix du constructeur automobile Tesla de mettre des sièges en cuir végétal et non plus animal dans ses véhicules, ou la collection 2020 « Conscious exclusive » du géant de la mode H&M qui met à l'honneur un cuir végétal à base d'écorce d'ananas ou un textile similaire à de la soie élaboré avec des peaux d'agrumes. C'est une véritable tendance de société, portée par des acteurs de la société civile, sur laquelle sont obligés de s'aligner les hommes politiques. En quelques années, le mouvement végan et les défenseurs de la cause animale ont réussi à transformer un problème théorique, jusqu'alors cantonné aux milieux intellectuels, en un problème public.

3
La cause environnementale, pour une consommation durable

Décembre 2019, la jeune Suédoise Greta Thunberg est élue « personnalité de l'année » par le magazine *Time*. La jeune fille de 16 ans alors est devenue l'égérie mondiale d'une partie de la jeunesse occidentale inquiète des conséquences du réchauffement climatique et désemparée devant l'inertie des pouvoirs publics. Des marches du Parlement suédois jusqu'à la tribune des Nations unies, en passant par l'Assemblée nationale, la jeune Greta a rassemblé dans son sillage des millions de partisans manifestant lors de marches pour le climat dans les rues des villes du monde entier. De porte-parole, elle est devenue, au fur et à mesure que le mouvement initié gagnait de l'ampleur, une véritable prescriptrice d'opinion. Son discours, volontiers culpabilisant et péremptoire, prône en effet des changements radicaux dans nos modes de vie, et plus particulièrement dans notre alimentation. La jeune fille a ainsi, au nom de la lutte contre le réchauffement climatique, cessé de manger de la viande à l'âge de 12 ans et convaincu l'ensemble de sa famille d'adopter un régime végan. La médiatisation de son combat et de ses propos alarmistes a offert une notoriété inédite au véganisme, apparaissant à la fois comme un mouvement tendance et comme une solution, efficace et éprouvée, à la lutte pour la protection de l'environnement. Agitant le spectre du réchauffement climatique, Greta Thunberg a convaincu des milliers de jeunes de se détourner des chemins de la croissance et des pratiques de consommations conventionnelles, afin de transformer la société en l'engageant dans une voie plus durable.

> « Jouer sur les peurs » est, si l'on y regarde de près, non pas un crime, mais le propre du travail de chaque homme politique en campagne, quel que soit le camp dont il se revendique. [...] Dès lors, la véritable question qu'il faut se poser n'est pas axiologique, c'est-à-dire cherchant à établir une norme morale (« est-il bien ou mal d'utiliser la peur en politique ? ») mais taxinomique, c'est-à-dire cherchant à établir une classification (« quelles sont les peurs qui nous meuvent politiquement ? »).

Cette remarque, pleine de sens, est formulée par Simon Olivennes, dans un article inspiré publié dans le *FigaroVox* dans lequel il recense les quatre grandes peurs qui dessinent l'horizon politique contemporain[1] : grand déclassement, grand remplacement, grand réchauffement et grand renversement. Analysant chacune d'entre-elles, il note que :

---

1. Simon Olivennes, « Les quatre grandes angoisses qui dessinent l'horizon politique de notre temps », *FigaroVox*, 3 septembre 2019.

La peur du grand réchauffement est l'angoisse de la jeunesse et de la bourgeoisie éclairée des centres-villes face à l'urgence climatique, la peur de ne plus pouvoir habiter dans un monde vivable et d'en être responsable. C'est la conscience que les ressources planétaires s'épuisent par la faute de l'homme et que sans une action forte, et même radicale, l'humanité sera la première espèce à avoir organisé sa propre destruction. Cette peur est au cœur des récents succès électoraux des partis écologistes ou du nouveau culte voué à la jeune Greta Thunberg.

Elle est également au cœur de l'engagement végan, ajouterons-nous.

Nous nous proposons d'étudier les ressorts de cette peur du grand réchauffement et ses conséquences sur les discours, les représentations et les imaginaires véhiculés par les militants végans. La transformation de nos pratiques de consommation, au nom de la protection de l'environnement, s'accompagne en effet d'une révolution de nos modes de production. Derrière ce sujet se dessine la question du rapport à la *technique* des végans. Hésitant entre son abandon et le retour à des techniques primitives où l'homme demeurerait soumis à la nature, ou un saut technologique et l'entrée dans une phase démiurgique où l'humanité s'affranchirait des lois de la nature, le véganisme est pleinement une idéologie de l'âge technologique. Plus qu'une remise en question des rapports entre l'homme et l'animal, le véganisme interroge directement la place de l'homme dans la nature.

Conjurer la peur du grand réchauffement

La peur du grand réchauffement est légitime et fait l'objet de nombreux travaux scientifiques qui viennent étayer les discours des militants écologistes. Plusieurs études soulignent ainsi les risques qui pèsent sur l'environnement à l'horizon 2050 : la planète comptera alors près de dix milliards d'êtres humains qu'il faudra nourrir. Or, l'alimentation est responsable d'environ un tiers des émissions de gaz à effet de serre d'origine anthropique, c'est-à-dire liées à des activités humaines, et fait également peser des contraintes sur les ressources en eau. Plus particulièrement, c'est le régime alimentaire carné des pays occidentaux, aujourd'hui copié par les pays émergents ou les nouveaux pays développés, qui est tenu responsable d'une large part des émissions de gaz à effet de serre et s'avère extrêmement gourmand en eau.

Dans ce domaine où les chiffres abondent, nous nous contenterons de ne citer que les plus emblématiques, les plus emphatiques. La FAO, dans son rapport de 2013, estime qu'en 2005 déjà près de 15 % des rejets de gaz à effet de serre étaient dus à l'élevage de bétail. Cela représentait plus de 7 milliards de tonnes de CO_2 par an, soit plus que les émissions annuelles des États-Unis et de la France cumulées. Aujourd'hui, le GIEC estime que la production de viande et de lait mobilise 83 % des terres agricoles cultivées et est responsable de 60 % des rejets de CO_2. Il est également admis que les bovins génèrent plus de gaz à effet de serre que les porcs ou la volaille : ils seraient à l'origine de 41 % des émissions dues à l'élevage de bétail. Cet écart est d'autant plus marquant que la viande bovine ne constitue qu'une faible part de la consommation totale de viande (22 %)[1]. Enfin, les experts pronostiquent également une augmentation généralisée de la consommation de viande partout dans le monde, liée non seulement à l'accroissement de la population, mais aussi à l'augmentation de son niveau de vie. Ainsi, la consommation de viande de bœuf et de porc pourrait augmenter de 200 % en Afrique et celle de volaille de 211 % d'ici 2050[2].

Il semble exister un relatif consensus scientifique autour de ce constat : si l'on souhaite prévenir les effets du réchauffement climatique, il faudra sans doute faire évoluer notre système alimentaire afin de réduire son poids dans les émissions de gaz à effet de serre. Toutefois, les experts du GIEC se gardent bien d'avancer une solution miracle en particulier. Ils pointent avant tout une multitude de pistes à explorer pour rendre notre alimentation plus durable.

> Une diversification au sein du système alimentaire (par exemple, la mise en œuvre des modes de production intégrés, l'élargissement des ressources génétiques, et les habitudes alimentaires) peut réduire les risques que pose le changement climatique. Une alimentation équilibrée, qui comprend des aliments d'origine

1. Gary Dagorn, « Pourquoi la viande est-elle si nocive pour la planète ? », *Le Monde*, 11 décembre 2018.
2. GIEC, *Changement climatique et terres émergées ; rapport spécial du GIEC sur le changement climatique, la désertification, la dégradation des sols, la gestion durable des terres, la sécurité alimentaire et les flux de gaz à effet de serre dans les écosystèmes terrestres*, 2019.

végétale comme ceux à base de céréales secondaires, de légumineuses, de fruits et légumes, de noix, de graines, et des aliments d'origine animale produits dans des systèmes résilients et durables émettant peu de GES, offrent d'excellentes possibilités sur le plan de l'adaptation et de l'atténuation et s'accompagnent de co-bénéfices notables pour la santé humaine.

Surtout, ils insistent sur l'urgence de diminuer les pertes et le gaspillage alimentaires qui, sur la période 2010-2016, représenteraient 8 à 10 % des émissions totales de gaz à effet de serre, estimant que 25 à 30 % de la nourriture produite est perdue ou gaspillée.

Pourtant, à rebours des propos pondérés et modérés des experts scientifiques, les militants végans s'emparant de cette problématique affirment que la voie royale pour s'engager dans un système alimentaire durable consiste à renoncer définitivement à l'alimentation carnée : seul un changement radical de nos habitudes alimentaires peut infléchir radicalement le réchauffement climatique. Surtout, renoncer à la consommation des produits d'origine animale c'est faire coup double en libérant les animaux de l'oppression humaine et en sauvant la planète des conséquences de l'exploitation humaine.

L'exercice de prospective auquel se livrent les végans souffre de certains travers. Reprenant les nombreuses études scientifiques sur le sujet, ils pointent avec raison que la consommation de viande va fortement augmenter au cours des prochaines décennies, compte tenu de l'augmentation de la population et surtout de l'élévation générale du niveau de vie, en particulier en Chine, en Inde ou au Brésil. Mais ils reprennent et projettent le modèle alimentaire occidental sur l'ensemble du globe, refusant de voir que l'alimentation a une dimension essentiellement culturelle. Alors que le mouvement traque et dénonce les formes d'anthropocentrisme dans nos rapports aux animaux, il se livre à une forme d'occidentalisme à l'égard des autres pays. En Inde, par exemple, où les vaches sont sacrées, il est manifeste que la consommation de viande bovine va demeurer moindre que dans les pays occidentaux.

Surtout, leur discours ne tient pas compte des besoins nutritionnels propres à chaque population : dans un pays comptant une forte proportion d'enfants ou de femmes enceintes, un régime alimentaire faisant l'impasse sur les produits carnés ou laitiers pourrait être à l'origine de désordres nutritionnels importants. Si l'empreinte carbone alimentaire par personne de l'Inde est deux fois inférieure à celle de la France, il ne faut pas oublier que le pays compte 38 % d'enfants de moins de 5 ans qui présentent des retards de croissance. Aussi, pour lutter contre la malnutrition chronique, un pays comme l'Inde devra-t-il accroître et diversifier sa production alimentaire – et donc multiplier le nombre d'élevages – et, par voie de conséquence, alourdir son empreinte carbone alimentaire[1]. Le régime végan ne peut pas être généralisable : c'est avant tout une réaction au mode de vie occidental qui

1. Mathilde Gérard, « Quels sont les régimes alimentaires avec le plus faible impact climatique ? », *Le Monde*, 17 septembre 2019.

est pensée avec les outils et les ressources dont disposent nos pays développés.

Le coût environnemental d'un bœuf

Il n'est pas rare de lire sous la plume d'un végan des séries d'équivalences montrant que produire de la viande coûte cher en ressources environnementales. Ainsi est-il régulièrement affirmé que produire 1 kilogramme de soja nécessite 2 tonnes d'eau, tandis que 1 kilogramme de bœuf requiert 15 tonnes d'eau[1]. Ces équivalences, pour être probablement exactes, n'en sont pas moins biaisées, et à plus d'un titre.

Tout d'abord, on trouve rarement 1 kilogramme de bœuf isolément. Dès lors ce n'est pas la bonne échelle de mesure qui est retenue par les végans. Les 15 tonnes d'eau bénéficieront au bœuf entier qui pèse en moyenne entre 600 et 700 kilogrammes et fournira 350 à 450 kilogrammes de viande pure, selon les races, le reste (carcasse, graisse, peau, etc.) étant également exploité. Autre problème de calcul : les 15 tonnes d'eau nécessaires pour produire les aliments, pour abreuver le bœuf, pour nettoyer la bête ou son enclos, etc., sont le résultat de l'addition de l'eau naturelle et de l'eau « issue du robinet ». Or 95 % de ces 15 tonnes d'eau sont des eaux de pluie qui, de toute façon, auraient été absorbées par la nature si elles n'avaient été captées par l'homme afin d'assurer l'irrigation de ses cultures ou l'hydratation de ses élevages[2].

---

1. URL : <http://veganimpact.com/pour-la-planete>.
2. URL : <https://www.decodagri.fr/>.

Autre problème posé par un tel raisonnement : il fait l'impasse sur les avantages qu'offre l'élevage, qu'il soit intensif ou extensif. C'est un système de production qui, du néolithique jusqu'à aujourd'hui, a permis de générer d'importantes économies d'échelle et donc de maximiser les rendements tout en préservant au maximum les ressources, en fonction des capacités techniques propres à chaque époque. Dès lors, sur les 15 tonnes d'eau nécessaires, une partie de ce volume est collectivisée : arroser un champ de céréales ou nettoyer l'enclos par exemple bénéficiera à l'ensemble du bétail. Surtout, les élevages modernes sont de moins en moins source de gaspillage : chaque ration est mesurée, chaque quantité parfaitement ajustée, de façon à réduire au maximum les externalités négatives générées par la production d'un bœuf.

Enfin, autre biais dans cette présentation : ce type de calcul fait l'impasse sur les apports nutritionnels. Il est évident que 1 kilogramme de légumes et 1 kilogramme de viande ne fournissent pas la même quantité de calories ni d'apports nutritionnels journaliers. On estime ainsi que pour atteindre les 2000 kilocalories quotidiennes, il faut consommer 1,6 kilogramme de fruits et légumes, tandis que, pour atteindre le même ratio, seuls 700 grammes de bœuf sont suffisants[1]. Produire de la viande, et tout particulièrement de la viande bovine, représente un coût énergétique important et sans doute faudra-t-il, dans les années à venir, réduire la part des produits carnés dans notre alimentation pour la rendre plus

1. Frédéric Denhez, *La cause végane, un nouvel intégrisme ?*, Paris, Buchet-Chastel, 2019.

soutenable et plus durable. Pour autant, ce type de démonstrations, uniquement quantitatives et volontairement anxiogènes qu'affectionnent les militants végans, nuit à la qualité du débat qu'il est nécessaire d'avoir autour de notre alimentation, des perspectives d'accroissement de la population mondiale et de la lutte contre le réchauffement climatique.

Une vision fantasmée de l'agriculture

La pensée végane se construit en effet en réaction au mode de vie occidental contemporain et propose en conséquence un processus de production alternatif, prétendument plus durable et plus éthique, sans recourir à la force ou aux intrants animaux. C'est particulièrement flagrant dans le domaine de l'agriculture. Le discours développé s'inscrit en faux des pratiques actuelles, opposant agriculture durable et agriculture intensive. Dans le sillage de nombreux discours écologistes, le véganisme reprend les critiques habituellement formulées à l'encontre de l'agriculture contemporaine. La généralisation de la monoculture, bien qu'elle ait permis une augmentation sans précédent des rendements, est vue comme étant à l'origine de la fragilisation et de l'appauvrissement des sols. L'écosystème étant déséquilibré et n'étant plus en mesure de s'autoréguler, il devient nécessaire de recourir de plus en plus abondamment à des engrais et des intrants chimiques pour prévenir le développement de maladies ou l'apparition de parasites. Ces pesticides, qui sont supposés protéger les cultures, sont *in fine* ingérés par les hommes, puisqu'il en demeure des traces sur les fruits, les légumes ou les céréales et des résidus dans les aliments fournis au bétail. Ces discours alarmistes sur la situation de l'agriculture ont largement imprégné l'opinion publique française. En effet, selon un sondage conduit par l'IFOP en 2018, le niveau de confiance des Français envers les agriculteurs s'est dégradé au cours des dix dernières années : ils ne sont plus que 68 % à juger que les consommateurs peuvent leur faire confiance, alors qu'ils étaient environ 80 % une dizaine d'années auparavant. De même, moins d'un Français sur deux (47 %) estime que les agriculteurs sont respectueux de l'environnement et près de la moitié d'entre eux (43 %) estime que l'agriculture porte atteinte à sa santé[1].

Pour une agriculture végane

Les militants végans proposent d'instaurer une « agriculture végane », qui permettrait de remédier à ces inquiétudes en matière environnementale et sanitaire. Il en ressort trois grandes caractéristiques. Tout d'abord, et conformément à la philosophie antispéciste, l'agriculture végane n'implique pas l'exploitation d'animaux ni l'utilisation de produits d'origine animale comme le fumier. Autre trait caractéristique, elle promeut l'utilisation de techniques agricoles « non invasives », évitant de recourir le plus possible à des méthodes agricoles perçues comme source de détérioration de l'écosystème. Enfin, conséquence directe des changements

1. IFOP, « Baromètre d'image des agriculteurs – Vague 18 », février 2018.

de pratiques agricoles, la promotion de l'agriculture végane s'accompagne d'un mouvement de retour à la terre et de l'apparition de « néo-paysans ».

La fin de l'exploitation animale a des conséquences directes en matière agricole, puisqu'elle implique la fin des élevages et, par extension, la fin des cultures fourragères à destination du bétail. C'est sans doute sur ce point précis que la pensée végane diffère le plus de la pensée écologique traditionnelle, puisque la fin des élevages aurait pour conséquence la disparition d'espèces animales domestiques. Jean-Claude et Renan Larue affirment conjointement :

> La première, la plus immédiate des conséquences, serait la fin des inséminations forcées des millions d'animaux d'élevage. Cela signifie qu'au bout de 15 ans, la très grande majorité des animaux que nous avons transformés pour produire plus de viande, de lait ou d'œufs disparaîtraient[1].

Le véganisme ne cherche pas tant à préserver un écosystème qu'à effacer la trace de toute action humaine qui l'aurait modifié. Il s'agit moins d'une entreprise de conservation, comme celle menée habituellement par les écologistes, que d'une tentative de restauration d'une nature débarrassée des stigmates infligés par la présence humaine.

Les techniques agricoles véganes mises en avant illustrent bien cette caractéristique. L'agriculture doit être la moins invasive et la

1. Jean-Claude Larue, Renan Larue, « Agriculture végane », in *La pensée végane*, 2020, *op. cit.*, p. 50.

moins agressive possible. Le semis direct, c'est-à-dire un semis sans labour, est prôné. On peut lire ainsi que :

> Depuis 7 000 ans, les agriculteurs ont utilisé en effet différents types d'araires puis de charrues pour retourner la terre. Malheureusement le labour a altéré la fertilité des terres. Le semis sans labour correspond davantage à ce qui se passe spontanément dans la nature : les forêts les plus luxuriantes sont apparues sans que quiconque ait jamais préparé la terre pour elles[1].

Autre exemple, les théoriciens de l'agriculture végane s'interrogent sur la meilleure manière d'éloigner les ravageurs de manière non violente. Le recours à des intrants chimiques étant proscrit, la réintroduction de prédateurs ou le développement d'un écosystème favorisant leur présence pourrait constituer une piste. Pourtant :

> Cette solution, tout écologique qu'elle soit, n'est pas exempte de violence. Favoriser la présence de prédateurs dans les champs, c'est-à-dire planifier la mort et la souffrance d'êtres sensibles, est clairement une entorse aux principes de l'agriculture végane et du véganisme en général[2].

Les végans ne cherchent pas à restaurer une agriculture « traditionnelle » puisque les techniques agricoles mises en œuvre depuis le Néolithique sont jugées agressives, soit parce qu'elles impliquent de la souffrance animale ou l'utilisation d'intrants animaux, comme le fumier

1. *Ibid.*, p. 56.
2. *Ibid.*, p. 61.

ou le lisier, soit parce qu'elles altèrent un écosystème. Il s'agit donc d'une agriculture qui refuse de se concevoir comme telle. La technique, l'outil, l'instrument font l'objet d'une défiance. La notion de rendement, qui est au fondement même de l'agriculture, est tenue suspecte, car perçue comme source d'un déséquilibre.

En 1950, la France comptait deux millions cinq cent mille fermes ; il y en a moins de quatre cent cinquante mille aujourd'hui. Or, au cours de cette période, la production agricole a augmenté de façon telle que la France a atteint l'autosuffisance et est désormais un exportateur net. Cette situation est le résultat de la révolution technologique qu'a connue le monde agricole : machines plus performantes, sélections de semences plus résistantes, pesticides et fongicides plus efficaces, surfaces optimisées, etc. Comme toute transformation sociale, celle-ci comporte son lot d'avantages – la sécurité alimentaire en premier lieu – et son lot de difficultés que prétend résoudre le mouvement végan. La réduction des surfaces agricoles exploitées et le recours à des techniques agricoles non invasives, ainsi que le souhaitent les végans, vont générer une baisse des rendements agricoles. Pour la compenser, il est donc nécessaire de multiplier le nombre d'exploitants agricoles. L'instauration d'une société végane s'accompagne donc d'une perte de productivité qui nécessite une restructuration de la société et une restauration des effectifs de l'emploi primaire pour compenser ce déficit. Ce mouvement de retour à la terre, cette émergence d'une classe de néo-paysans est emblématique de l'utopie agricole des végans. Olivier Rognon, dans sa fiction politique, rend bien compte de cette dimension utopique, où l'homme retrouverait la solidarité communautaire paysanne et cohabiterait harmonieusement avec la nature :

> Le maximum de travaux était effectué manuellement et collectivement par les nombreuses personnes ayant éprouvé le besoin de renouer avec le travail manuel, la terre et le végétal. […] La cohabitation avec des animaux en liberté plus nombreux que par le passé nécessita des approches novatrices, des tâtonnements et des ajustements dans le temps, afin de déterminer les seuils de prélèvements dans les cultures non protégées qui étaient supportables par les producteurs et les familles cultivant leur domaine d'un hectare. Il paraissait de plus en plus naturel que les animaux non humains prélèvent leur part, jusqu'à ce qu'un équilibre pacifique fût trouvé entre les besoins humains et les leurs[1].

La pensée végane promeut une vision de l'agriculture qui reproduirait les gestes d'une époque primitive, mais fantasmée, où l'homme n'élèverait ni ne chasserait le moindre animal.

Le néo-paysan, figure rédemptrice

Plus précisément, au travers de cette figure du néo-paysan s'opèrent une réactivation et une actualisation du discours rousseauiste. On retrouve en effet dans la pensée végane une conception et un raisonnement similaires à ceux présentés par Rousseau dans le *Discours*

1. Olivier Rognon, *Vers une société végane*, 2018, *op. cit.*, p. 69.

sur l'origine et les fondements de l'inégalité parmi les hommes, avec cependant une translation notable puisque le propos est élargi à l'ensemble des espèces. Le néo-paysan incarne un homme proche de l'état de nature, tel que l'a imaginé et décrit Rousseau. À rebours de la conception hobbesienne, postulant que l'homme primitif est violent et est un loup pour l'homme, Rousseau affirme au contraire que l'homme naturel n'est guidé que par deux principes, à savoir sa propre conservation et la répugnance à voir périr ou souffrir un être sensible. Ces considérations entrent en étroite résonnance avec la philosophie antispéciste qui les a élargies à l'ensemble des espèces. Il dépeint ainsi un état de nature idyllique où, en symbiose avec la nature, l'homme mène une vie simple, ignorant le bien et le mal, dénué de vices et de vertus. L'inégalité naît avec le développement de l'agriculture soutient Rousseau :

> Le premier qui, ayant enclos un terrain, s'avisa de dire : *Ceci est à moi*, et trouva des gens assez simples pour le croire, fut le vrai fondateur de la société civile. [...] Dès qu'on s'aperçut qu'il était utile à un seul d'avoir des provisions pour deux, l'égalité disparut, la propriété s'introduisit, le travail devint nécessaire et les vastes forêts se changèrent en des campagnes riantes qu'il fallut arroser de la sueur des hommes, et dans lesquelles on vit bientôt l'esclavage et la misère germer et croître avec les moissons[1].

1. Jean-Jacques Rousseau, *Discours sur l'origine et les fondements de l'inégalité parmi les hommes*, Paris, Flammarion, 2011.

On retrouve une idée similaire dans la pensée végane, qui voit en l'agriculture la source de tous les maux, à la fois l'origine de l'inégalité entre les espèces et la dégradation de la nature originelle :

> L'agriculture, cet ensemble de techniques de grandes cultures dans des champs [...] était de nature guerrière et violente à l'encontre de la vie du sol et de tout ce qui n'était pas cultivé : monocultures, sols nus, labours bien profonds, machines de plus en plus lourdes, robots et tout l'arsenal de lutte contre le vivant : biocides, pesticides, herbicides, insecticides, antibiotiques... Depuis son invention, il y a un peu plus de dix mille ans, comme en témoignaient les déserts qui existaient à présent dans les régions où elle était née, elle avait engendré une véritable catastrophe sur les plans environnemental et social : érosion, salinisation, désertification, perte de la biodiversité, disparition de l'humus, travail de la terre éreintant, véritable esclavage (animal et humain), sédentarisation, naissance du stockage, de la propriété privée, des cités, des épidémies, des guerres, des castes, des hiérarchies politiques, des États centralisés, etc.[1]

La figure du néo-paysan incarne l'homme d'après l'abolition animale. Elle vient effacer les « fautes » et réparer les « dégradations » commises à l'encontre de la nature et des autres espèces animales par l'homme. Elle porte la promesse végane de réconciliation des hommes avec les animaux et avec la terre.

1. Olivier Rognon, *Vers une société végane*, 2018, *op. cit.*, p. 71.

> En d'autres termes, l'agriculture ne doit pas seulement devenir végane par respect des animaux ; elle doit aussi bannir tout ce qui menace l'atmosphère, l'équilibre des sols, la qualité des eaux souterraines, la santé de nos concitoyens et la pérennité de l'espèce humaine[1].

Le néo-paysan est une figure de la rédemption ; le véganisme une eschatologie.

La pensée végane est en effet irriguée par la pensée chrétienne. Ce monde qu'ils dessinent, où l'homme et l'animal cohabiteraient harmonieusement, sans aucune relation entre eux, correspond très exactement à la description de la vie dans le jardin d'Éden. Lors de la Création, Dieu donne à l'homme pour nourriture « toutes les herbes portant semence, qui sont sur la surface de la Terre, et tous les arbres qui ont des fruits portant semence[2] ». Adam et Ève sont des végans : ils n'ont pas recours à des produits d'origine animale dans leur vie quotidienne. Ce n'est qu'au lendemain du Déluge que Dieu autorise l'homme à consommer de la viande :

> Tout ce qui se meut et possède la vie vous servira de nourriture, je vous donne tout cela au même titre que la verdure des plantes[3].

Le végan cherche à retrouver un âge d'or mythique, à revivre une époque littéralement antédiluvienne. Il y a ici une forme d'« exonostalgie », selon la formule de l'anthropologue

1. *Ibid.*, p. 51.
2. Genèse, 1, 29.
3. Genèse, 9, 3.

David Berliner[1], c'est-à-dire une nostalgie pour une période que l'on n'a soi-même pas connue, que vient nourrir l'inconscient religieux collectif. Pour prévenir une nouvelle catastrophe, une Chute des temps modernes, une Apocalypse climatique, le végan cherche à retrouver les gestes et à reconstituer la vie d'avant le péché originel. « Le monde est rempli d'idées chrétiennes devenues folles », affirmait Chesterton. Assurément, le véganisme est l'une d'elles.

La tentation de l'agriculture cellulaire

En 1931, au milieu de sa traversée du désert, Winston Churchill fait paraître un petit essai dans lequel il imagine à quoi ressemblerait le monde cinquante ans plus tard et qui est une véritable ode au progrès. Parmi les nombreuses prédictions, les unes farfelues, les autres avérées, qui témoignent autant de son intérêt pour la science et les techniques que de sa capacité imaginative, l'une d'entre elles nous intéresse particulièrement :

> Dans cinquante ans […] nous échapperons à l'absurdité de l'élevage d'un poulet entier pour n'en manger que la poitrine ou l'aile, en produisant ces parties séparément, selon des moyens appropriés.

Avec quelque quatre-vingt-dix années d'avance (et non cinquante), Churchill nous livre ici une description prémonitoire de l'agriculture

1. David Berliner, *Perdre sa culture*, Bruxelles, Zones sensibles, 2018.

cellulaire (ou Cell-Ag). En effet, grâce aux progrès et avancées réalisés dans le domaine de la bio-ingénierie, nous sommes actuellement capables de produire de la viande in vitro, de cultiver de la viande en nous dispensant de l'animal. Concrètement, il s'agit d'élever et de cultiver dans un milieu stérile des cellules souches prélevées par biopsie sur un animal jusqu'à ce qu'elles deviennent des cellules musculaires et de les faire proliférer afin d'obtenir une matière s'apparentant à de la viande hachée, du muscle artificiel. La fabrication d'un morceau de viande synthétique prend trois semaines environ. Aujourd'hui, une trentaine de start-up à travers le monde travaillent à produire de la viande artificielle : de la chair de bœuf, de poulet, de porc et même de thon « pousse » dans leurs laboratoires situés principalement en Californie, en Israël ou aux Pays-Bas.

De la viande animale sans animaux

À l'opposé de la tendance néo-archaïque, l'agriculture cellulaire constitue ainsi une autre tentative de réponse aux défis climatiques et à la souffrance animale. Ici, c'est la technologie la plus sophistiquée et la plus innovante qui permet de résoudre les difficultés auxquelles nous faisons face et d'apporter une solution aux impératifs politiques que se sont fixés les militants végans. En effet, la viande artificielle, aussi appelée *clean meat*, est porteuse d'une double promesse : elle n'engendre ni émission de gaz à effet de serre ni souffrance animale, contrairement aux élevages « conventionnels ». C'est une viande doublement propre. Pour les promoteurs de la *clean meat*, il s'agit en effet de la solution pour permettre à l'humanité de continuer à consommer de la viande sans grever les ressources de la planète ni provoquer la mort de milliards d'animaux domestiques chaque année. Plus besoin de mobiliser des terres arables pour y produire des céréales ou du fourrage ni même d'utiliser d'engrais pour les sols; plus besoin de construire d'immenses élevages où seront parqués les animaux ni même d'avoir des abattoirs. De plus, la culture de la viande dans un environnement stérile garantit aussi bien une traçabilité complète du produit qu'une meilleure sécurité alimentaire.

L'agriculture cellulaire se présente comme un remède aux excès liés à la production en masse de viande qui, ainsi qu'on l'a vu au précédent chapitre, a contribué à reconfigurer le lien qui s'était créé depuis dix millénaires entre l'homme et l'animal. Les promoteurs de l'agriculture cellulaire ont résolu la problématique de l'animal domestique devenu une simple matière première dont on extrait de la viande en le supprimant tout bonnement de l'équation: désormais, on fera de la viande sans animal! L'ingénieur agronome français Didier Toubia, PDG d'Aleph Farms, une start-up installée en Israël, ne dit pas autre chose:

> Nous avons perdu la connexion avec l'animal pour faire face à la demande croissante de viande. L'agriculture cellulaire est une opportunité pour rétablir la confiance dans la viande[1].

1. Mathilde Gérard, « La viande cellulaire va-t-elle révolutionner nos assiettes? », *Le Monde*, 22 mars 2019.

La *clean meat* dessine une troisième voie, raisonnable et morale, entre l'élevage industriel et l'abolition de la viande. L'élevage extensif, recourant aux méthodes traditionnelles et permettant de construire un lien véritable avec l'animal, n'est pas une alternative viable pour les promoteurs de la viande in vitro. La sociologue et ancienne éleveuse Jocelyne Porcher, dans son livre consacré à l'exploration des liens entre le mouvement végan et l'industrie de l'agriculture cellulaire, *Cause animale, cause du capital*, dénonce ce discours et note que :

> L'une des stratégies les mieux partagées par les chercheurs de la Cell-Ag et par les « défenseurs » des animaux est la négation de l'élevage en tant qu'il existe indépendamment. Tout rapport de travail avec les animaux de ferme serait violent, désastreux pour l'environnement et pour la santé, quel que soit le système de production. [...] En déniant le fait que l'on puisse poser une critique radicale des systèmes industriels et défendre l'élevage, les promoteurs de la cell-ag et les « défenseurs » des animaux imposent la *clean meat* comme la seule solution[1].

Entrepreneurs de la *clean meat* et militants de la cause végane poursuivent un même objectif : ils cherchent à construire un monde meilleur, à savoir un monde sans élevage, sans lien avec les animaux.

1. Jocelyne Porcher, *Cause animale, cause du capital*, Lormont, Le Bord de l'eau, 2019, p. 6-7.

Agriculture durable et profitable

Les questions environnementales et les revendications animalistes ne doivent cependant pas masquer les enjeux financiers colossaux qui se cachent également derrière la viande in vitro. Le cabinet de conseil américain A.T. Kearney estime que la *clean meat*, d'ici dix ans seulement, pourrait représenter 10 % du marché de la viande et peser 140 milliards de dollars. A.T. Kearney soutient également que 60 % de la viande consommée en 2040 ne sera pas issue d'animaux morts : la viande végétale représentera 25 % du marché et la viande cultivée in vitro 35 %, soit 630 milliards de dollars[1]. L'agriculture cellulaire serait donc une solution d'avenir, puisqu'elle permettrait de soutenir la hausse de la demande de viande et résoudrait, grâce à la haute technologie, les excès du système actuel. Ces perspectives ont logiquement retenu l'attention des financeurs et investisseurs comme Bill Gates, Richard Branson, Dustin Moskovitz (cofondateur de Facebook), Sergey Brin (cofondateur de Google). Mais surtout, d'importantes multinationales de l'agroalimentaire, comme Tyson Foods, Cargill, JBS Friboi, Bell Food Group, font le pari de l'agriculture cellulaire dans l'objectif de conquérir des parts de marché supplémentaires[2].

---

1. A.T. Kearney, « How will cultured meat and meat alternatives disrupt the agricultural and food industry ? », 2019.

2. Sur les différents acteurs qui financent l'agriculture cellulaire, tant pour le versant high-tech et transhumaniste que pour le versant industries de

Il convient ici de souligner la proximité entre l'idéologie végane et le business. Végans et industriels de la viande ont des intérêts communs dans le développement de l'agriculture cellulaire. Il n'est pas rare, d'ailleurs, que les créateurs des start-up les plus en vue soient eux-mêmes des végans, ingénieurs de formation ou évoluant dans le milieu de la tech, qui souhaitaient trouver une solution aux différents excès générés par l'élevage intensif: vivant dans la Silicon Valley, ils ont agi avec les ressources que leur offrait leur environnement immédiat, à savoir les biotechnologies. C'est donc en toute logique que les entreprises de viande de synthèse soutiennent les végans. Mais il y a également un intérêt économique bien compris. La diffusion de la pensée végane permet de préparer les consciences à se dispenser de viande bouchère, et donc de préparer le marché à accueillir de nouveaux produits alternatifs. Le mouvement végan sert les objectifs de ces entreprises, en détournant le consommateur de produits issus de l'élevage intensif en l'orientant vers d'autres marchés. Ainsi que le résume Jocelyne Porcher:

> Le rôle des start-up est de concevoir les produits; celui des associations abolitionnistes est de produire le terrain mental et affectif des consommateurs pour qu'ils les acceptent[1].

---

l'agroalimentaire, on lira avec profit Gilles Luneau, *Steak barbare; hold-up végan sur l'assiette*, La Tour-d'Aigues, l'Aube, 2020.

1. Jocelyne Porcher, *Cause animale, cause du capital*, 2019, *op. cit.*, p. 69.

À ce jour, et malgré le soutien des investisseurs et des financiers, l'industrie de la *clean meat* doit lever deux freins à son développement, le premier de nature économique, le second administrative. Tout d'abord, elle doit réussir à réduire les coûts afin de pouvoir se lancer dans la production de masse et de faire de la viande cultivée une véritable alternative à la viande bouchère. C'est un problème qui va se résoudre d'ici les toutes prochaines années. Si la fabrication d'un hamburger in vitro en 2013 coûtait 325 000 dollars, elle n'était plus que de 44 dollars en 2015. L'entreprise Future Meat Technologies, fondée en 2018, a réussi à réduire le délai de fabrication à deux semaines et espère réduire le coût de fabrication d'une livre de viande cultivée à 10 dollars d'ici 2022. L'Institut pour le futur, à Palo Alto, estime quant à lui que la viande in vitro pourrait devenir un produit de consommation standard dans les supermarchés d'ici 2023.

Il est également nécessaire de mettre en place un cadre réglementaire adapté à ce nouvel aliment de synthèse. Les États-Unis ont déjà commencé à travailler sur cette question. En mars 2019, le département de l'Agriculture (USDA) et l'Agence américaine des produits alimentaires et médicamenteux (Food and Drug Administration, FDA) ont abouti à un accord concernant le cas de la viande in vitro. C'est une avancée de taille pour les industriels de la viande cellulaire. En effet, la mise en place d'une régulation par la puissance publique est un signal fort envoyé aux consommateurs : cela signifie que la viande in vitro est apte à être consommée, car sa production fait l'objet de contrôles et d'expertises par l'administration, au même titre que la totalité des autres aliments. C'est un facteur d'intégration dans le système alimentaire. De plus, cette implication du gouvernement auprès des start-up de la food tech qui élaborent la *clean meat* rassure les investisseurs : l'incertitude autour de ce nouveau produit s'en trouve réduite, les levées de fonds et financements nécessaires au changement d'échelle de production en sont d'autant plus facilités. Si les États-Unis sont relativement avancés dans cette démarche, d'importantes questions ne sont toujours pas tranchées, au premier rang desquelles la dénomination du produit. S'agit-il de viande ?

La solution à tous nos maux ?

Ce n'est en effet pas la moindre des questions que soulève le développement de l'agriculture cellulaire. D'un point de vue purement biologique, la *clean meat* est de la viande : il s'agit d'un amas de cellules musculaires animales qui présente des qualités nutritionnelles identiques à une pièce de viande bouchère. En revanche, d'un point de vue culturel, la réponse est moins évidente. Gilles Luneau, auteur d'une enquête remarquable et pionnière sur le sujet de l'agriculture cellulaire[1], souligne que :

> La viande est la chair d'un animal tué pour le manger. A contrario, la « viande » de culture ne passe ni par l'étape du vivant, ni par celle de la mise à mort.

1. Gilles Luneau, *Steak barbare*, 2020, *op. cit.*

Or, ces deux étapes ont une dimension patrimoniale et immatérielle. La viande ne peut être réduite à un simple tissu musculaire : elle est le produit d'un être vivant dont le développement connaît différentes phases, qui vit au milieu de ses congénères ; elle est le résultat de savoir-faire humains sophistiqués, qu'il s'agisse de l'élevage ou de la découpe bouchère. D'autre part, en enlevant toute signification aux notions de temps et de lieux, puisqu'il s'agit d'une croissance accélérée dans un non-lieu (littéralement : un environnement stérile), l'agriculture cellulaire nie ce qui constitue justement le propre de l'agriculture, à savoir le terroir, l'interaction entre l'homme et l'environnement. Paradoxalement, si l'agriculture cellulaire permet de garantir une traçabilité la plus totale, c'est une vaste entreprise de déréférencement.

Le développement de l'agriculture cellulaire signifie-t-il réellement la fin de l'élevage industriel et la fin de la souffrance animale, ainsi que le promettent les start-up de la *clean meat* ? Rien n'est moins sûr. Si on peut à la rigueur soutenir que la viande in vitro abolit la souffrance animale, force est de constater qu'elle n'abolit pas l'exploitation animale. La viande cultivée constitue moins une révolution qu'une forme plus avancée de zootechnie, qu'un approfondissement des techniques mises en œuvre dans l'élevage, la sélection et la reproduction des animaux pour l'obtention de produits ou de services à destination des humains. Ainsi que le souligne Jocelyne Porcher, le projet zootechnique a changé de niveau d'extraction :

> L'idée que les animaux sont des ressources pour la production de matières animales est la même qu'au XIXe siècle. La base productive est la cellule au lieu d'être l'animal entier, ce qu'avaient déjà amorcé les techniques de reproduction *in vitro*, le transfert d'embryons[1].

Exploiter des cellules animales n'en demeure pas moins une forme d'exploitation animale. La libération de l'animal n'est qu'apparente : c'est une forme d'assujettissement beaucoup plus insidieuse qui se fait jour, puisqu'il a fallu prélever les cellules souches sur l'animal « donneur ». Reprenant la rhétorique antispéciste, on pourrait se demander si l'animal a donné son consentement initial, s'il a une quelconque maîtrise, voire un intéressement, sur l'exploitation de ses gènes : autant de formes de domination…

Autre interrogation que soulève l'agriculture cellulaire : est-ce réellement une solution durable ? Certes, la culture de viande in vitro ne risque pas de produire de méthane, comme c'est le cas dans l'élevage conventionnel aujourd'hui. Mais, ainsi que l'ont souligné des chercheurs de l'université d'Oxford[2], il est possible que l'agriculture cellulaire génère autant sinon plus de gaz à effet de serre, à cause de l'énergie requise par les incubateurs. Surtout, ces émissions affecteraient

1. Jocelyne Porcher, *Cause animale, cause du capital*, 2019, *op. cit.*, p. 15-16.

2. John Lynch, Raymond Pierrehumbert, « Climate impacts of cultured meat and beef cattle », in *Frontiers in Sustainable Food Systems*, 19 février 2019. URL: <https://www.frontiersin.org/articles/10.3389/fsufs.2019.00005/full>.

sur un plus long terme notre environnement, puisque la durée de vie du méthane dans l'atmosphère est de douze ans, tandis que celle du CO_2 est de cent ans. Pour que la viande cultivée soit réellement durable, il faudrait alimenter les incubateurs avec des énergies non carbonées, soit du nucléaire. C'est là encore un autre débat.

Un rapport ambivalent et ambigu à la technique

Les végans nourrissent un rapport ambivalent et ambigu à la technique. En effet, dans la pensée végane, la technique est à la fois un problème et une solution. Elle est problématique, car elle est jugée responsable des agressions de l'environnement et cause des souffrances des animaux. Ainsi qu'on l'a vu dans les pages précédentes, si le soc de charrue porte atteinte à l'intégrité de la terre et les techniques traditionnelles de labour endommagent la nature, on imagine aisément les critiques que peuvent susciter les méthodes et outils développés par l'industrie agroalimentaire. De même, le développement de la zootechnie, c'est-à-dire l'ensemble des technologies d'élevage, asservit toujours plus l'animal et est une source de souffrances continues : pensons aux inséminations artificielles ou aux traites automatisées que peuvent connaître les vaches d'élevage. Pour autant, la technique fait l'objet d'un regard bienveillant de la part des végans lorsqu'elle nous permet de nous extraire des lois de la nature. L'agriculture cellulaire, par exemple, représente pour les végans son versant positif puisqu'elle permet de produire artificiellement de la viande en préservant l'environnement et les animaux. De même, des chercheurs britanniques proposent « d'utiliser différentes technologies, notamment le génie génétique, afin de rendre les êtres humains respectueux de l'environnement », en les rendant intolérants à la consommation de viande, par exemple, ou en diminuant leur taille afin de réduire leur emprise écologique[1]. Les végans sont donc partagés entre ces deux positions antithétiques auxquelles ils souscrivent conjointement et ne paraissent y voir aucune contradiction. Pourquoi ?

Le véganisme concilie la tentation néo-archaïque qui cherche à réconcilier l'homme avec la nature ainsi qu'avec le monde animal en abandonnant toute prétention au contrôle de l'une comme de l'autre, et la tentation transhumaniste qui vise à le détacher complètement de la nature et du monde animal en le dispensant des ressources offertes par l'une comme par l'autre. Or ces deux voies, a priori opposées, ne sont pas exclusives l'une de l'autre mais complémentaires pour les végans. C'est le sociologue britannique Anthony Giddens qui nous aide à comprendre le cadre dans lequel évolue la pensée végane. Dans son ouvrage *Les conséquences de la modernité*[2], il explique que l'humanité est entrée dans une troisième phase de

1. S. Matthew Liao, Anders Sandberg, Rebecca Roache, « Human engineering and climate change », in *Ethics, Policy & Environment*, vol. 15, 2012, p. 206-221. Cité par Catherine Vincent, « Climat : les nouveaux récits de l'écologie », *Le Monde*, 3 janvier 2019.

2. Anthony Giddens, Les *conséquences de la modernité*, Paris, L'Harmattan, 2000.

développement, qu'il appelle la modernité avancée ou modernité réflexive. Cette forme de modernité se caractérise par ce que Giddens appelle « la fin de la nature ». Cela ne signifie évidemment pas que l'environnement naturel a disparu de notre monde, mais que plus aucune partie ou presque de notre monde ne demeure sauvage, inconnue de l'homme et surtout inaccessible à son action transformatrice. Désormais, l'homme a la capacité de s'immiscer dans tous les domaines de la nature, de l'infiniment grand à l'infiniment petit, voire de se substituer à son action, comme en témoignent les récents progrès de la biologie génétique. La fin de la nature est un phénomène extrêmement récent, que Giddens date du début des années 1980, soit le début de la période qui a vu naître et grandir la majorité des militants végans actuels.

Cette invasion sans précédent de la nature par la technique a affecté la pensée végane. Celle-ci est en effet porteuse d'une conception nouvelle : traditionnellement, la technique joue un rôle libérateur, c'est une entreprise de domestication de la nature afin d'offrir à l'homme les conditions de son autonomie. Les végans renversent cette conception. Il s'agit désormais, grâce à la technique, non plus de libérer l'homme de la nature, mais de libérer la nature de l'homme. Aussi la pensée végane soutient-elle le progrès technologique dès lors qu'il va permettre d'extraire l'homme de la nature, dès lors qu'il va se traduire par une réduction de l'emprise de l'homme sur son environnement. C'est ainsi que le végan peut conjointement soutenir un certain discours transhumaniste, qui cherche à autonomiser l'homme de son milieu, et un discours d'inspiration néo-archaïque, qui réduit mécaniquement ses capacités de transformation de l'écosystème. Le paradoxe relevé tout à l'heure n'est qu'apparent : les végans ont compris que, notre société ayant atteint un tel seuil de développement, on ne peut sortir de la technique que par la technique. Ou pour le dire autrement, malgré son apparence anti-technicienne, l'idéologie végane est une idéologie de l'âge technologique, une idéologie pour le XXIe siècle.

*

La peur du grand réchauffement forge de nouveaux mythes politiques et dessine de nouvelles utopies. La figure du néo-paysan, conciliant le visage de l'homme moderne maître de la technique et celui du premier homme soumis à la nature, révèle le poids de la culpabilité éprouvée par les végans devant la dégradation de l'environnement. Ce sentiment est tel que le discours politique ne cherche plus à freiner le réchauffement climatique mais se mue en une volonté d'empêcher le plus possible l'homme d'altérer son milieu. C'est une position qui dépasse largement la seule communauté végane, mais qui est caractéristique des profondes ramifications de cette idéologie dans l'imaginaire collectif. En effet, selon une étude menée en 2018 par l'ADEME, l'agence de la transition écologique, un Français sur cinq approuve l'idée selon laquelle « presque tout ce que nous faisons dans la vie moderne nuit à l'environnement[1] ». Le propos va à rebours du discours humaniste classique, puisqu'il en vient à refuser les principes de la civilisation et du progrès, entendus comme capacité de l'homme à modifier son environnement et le soumettre à sa volonté, à son projet. Le ton varie entre le transhumanisme, lorsqu'il propose d'extraire l'homme de son environnement, et le « cis-humanisme », lorsqu'il évoque la possibilité de se soumettre à la nature. Entre transgression et régression, le véganisme dessine les inquiétudes de l'homme du xxie face à la nature.

1. Solange Martin, Éric Pautard, « La prise en considération de l'environnement par les Français : regards rétrospectifs », in *Théma, Modes de vie et pratiques environnementales des Français*, Commissariat général du développement durable, avril 2018.

4
La cause hygiéniste, entre bien-être individuel et santé publique

« Être végan, les avantages sur ma santé » titre un article de *Cosmopolitan*[1] qui recense tous les bienfaits d'un tel régime alimentaire. Amélioration des performances sportives, meilleure maîtrise de son poids et de son IMC, régulation du système hormonal, élimination des mauvaises odeurs corporelles, etc. : les avantages, soigneusement listés, ne manquent pas. Un régime végan est même la promesse d'une peau douce est-il affirmé : « Selon une étude, dans l'île Kitava en Papouasie-Nouvelle-Guinée, personne n'a d'acné. La cause supposée par les chercheurs : cette population vit de nourriture non transformée, très pauvre en lipides et surtout largement végétarienne. » Le véganisme tend ainsi à apparaître comme une solution miracle pour retrouver un bien-être physique et même un moral d'enfer. En effet, prenant appui sur une étude scientifique tirée du *Nutrition Journal*, le site de protection animale *petafrance.com* note que « les végans sont peut-être plus heureux que

1. Manuela Estel, « Être vegan : les avantages sur ma santé ! », *cosmopolitan.fr*.

les consommateurs de viande. En fait, les végans et les végétariens ont obtenu de meilleurs résultats aux tests de dépression et aux profils d'humeur que ceux qui mangeaient du poisson et de la viande[1] ».

Au même titre que la protection animale ou la défense de l'environnement, la question de la santé est un enjeu d'importance pour le mouvement végan. Elle constitue d'ailleurs un des principaux points d'entrée de nombreuses personnes dans le véganisme. Choisissant de mettre en œuvre le principe d'Hippocrate, « que l'alimentation soit ta première médecine », elles réduisent progressivement leur consommation de viande et adoptent un régime végétarien puis finissent, éventuellement, par sauter le pas et deviennent véganes. Cette transition, si elle est loin d'être systématique, est toujours motivée par d'autres considérations que leur propre bien-être physique : ce sont souvent les questions liées à la condition animale qui jouent le rôle de catalyseur. Il y a dans le véganisme une dimension holistique, un souci de soi couplé à un souci du monde qui conduit à généraliser et à politiser sa démarche. « Mon estomac et mon cerveau étaient rentrés en conflit[2] », explique la militante Gwendoline Yzèbe.

1. Marie J, « 7 avantages fantastiques d'un régime végan pour la santé », *petafrance.com*, 7 novembre 2019.
2. Gwendoline Yzèbe, *Vivre végane*, Paris, Le Livre de Poche, 2019, p. 11.

« Manger de la viande tue »

Il est désormais monnaie courante d'affirmer que consommer trop de viande ou de produits carnés est préjudiciable à la santé. Deux études, qui ont rencontré un fort écho, ont contribué à installer ce discours. En 2005, le professeur Campbell de l'université de Cornell, publie un rapport dans lequel il conclut à une forte corrélation entre consommation élevée de protéines animales et maladies cardio-vasculaires, diabète ou cancers. Pour ce faire, il s'est appuyé sur des données scientifiques et médicales issues du suivi de près de huit cent quatre-vingts millions de Chinois et d'Américains pendant vingt ans. Ce rapport, même s'il a suscité d'importantes critiques de la communauté scientifique concernant sa méthodologie et ses conclusions, a donné lieu à un ouvrage qui est devenu un véritable best-seller aux États-Unis : plus d'un million d'exemplaires ont été vendus. Signe de l'influence sur les comportements alimentaires de ce livre et preuve de son succès, le président Bill Clinton, après un accident cardio-vasculaire, a adopté un régime végétarien conforme aux prescriptions du docteur Campbell en 2011. Cet ouvrage est édité en France depuis 2014 sous le titre *L'enquête Campbell*[1].

Plus récemment, c'est une étude commandée par les pouvoirs publics, abondamment relayée par les médias et largement diffusée par tous les milieux végétariens, végétaliens ou végans qui y

1. Thomas Colin Campbell, Thomas M. Campbell, *L'enquête Campbell*, Paris, J'ai Lu, 2014.

voyaient là une légitimation de leur régime alimentaire, qui a assis ce discours établissant un lien entre maladie et consommation de viande. Début 2017, sont ainsi parues les recommandations nutritionnelles de l'Agence nationale de sécurité sanitaire de l'alimentation, de l'environnement et du travail (Anses) qui préconise de « réduire considérablement » les charcuteries et de manger moins de viande pour diminuer le nombre de maladies chroniques ou prévenir l'apparition de cancers.

> Les consommations de viande hors volaille et de viandes transformées (incluant la charcuterie) augmentent le risque de cancer colorectal avec un niveau de preuve convaincant et le risque de maladies cardio-vasculaires et diabète de type 2 avec un niveau de preuve probable. En outre, la consommation de viande en général ou de viande hors volaille en particulier pourrait augmenter le risque de cancer du sein selon l'expression des récepteurs hormonaux aux œstrogènes et de cancer de la prostate, ainsi que le risque de prise de poids, avec toutefois un niveau de preuve limité mais suggestif[1].

La consommation de produits carnés n'est pas le seul objet de cette étude : suivent également d'autres recommandations, relatives à la consommation de sucre, à l'apport quotidien en fibres ou au choix des matières grasses. Ce

1. Anses, « Actualisation des repères du PNNS : révision des repères de consommations alimentaires », Avis de l'Anses – Rapport d'expertise collective, novembre 2016, p. 146.

travail de l'Anses est le résultat de la compilation d'études scientifiques menées au cours des dix dernières années et constitue une base de données à partir desquelles l'agence Santé publique France pourra décliner de nouveaux messages de prévention. C'est à partir d'un travail similaire, commandé par l'État, que les messages invitant à manger cinq fruits et légumes par jour ou à réduire la consommation de sel avaient été élaborés au début des années 2000. Ce nouveau train de recommandations, formulé quelque quinze années plus tard, rencontre et va continuer à rencontrer au cours des années à venir un aussi fort écho, encourageant ainsi les Français à modifier leurs habitudes alimentaires. Déjà, on en mesure les premiers effets. À l'appui de ces travaux, les parlementaires, lors de l'examen de la loi EGalim, ont décidé d'introduire dans toutes les cantines scolaires, à partir de 2021 au plus tard, un repas « sans viande ».

Il n'y a là rien que de très normal de la part de la puissance publique et tout particulièrement du ministère de la Santé : réduire les risques de développer une maladie chronique encourus par la population française et pour cela inciter à faire évoluer les comportements alimentaires relève pleinement du rôle de l'État en matière de santé publique. Mais les franges les plus militantes, et tout particulièrement le mouvement végan, se sont emparés de ces travaux et, se fondant sur des études scientifiques, affirment que la viande est un poison qui tue lentement. « La viande tue donc deux fois : d'abord l'animal et ensuite, prématurément, l'homme qui l'ingère », soutient par exemple Aymeric Caron[1]. Le site *vegan-pratique.fr* rappelant les « effets délétères » d'une alimentation carnée, déclare qu'« éliminer de son alimentation tous les produits animaux ne peut qu'être bénéfique pour la santé et les économies pour le système de santé seraient énormes (plusieurs milliards d'euros)[2] ». Les militants végans, même si leurs principales attaques se concentrent sur la viande, n'oublient pas les dangers que fait encourir la consommation de poisson. On lit ainsi sur le site *veganisme.fr* que « la plupart des poissons font cependant partie des aliments les plus pollués, notamment par le mercure et autres métaux lourds qui polluent les mers [...]. Ces polluants empoisonnent l'organisme humain, et pourraient même, chez les enfants en bas âge en particulier, affecter gravement le développement du cerveau ! La contamination élevée de la chair du poisson en fait donc un poison à retardement pour l'organisme de l'être humain[3] ».

Aussi un véritable lobbying se met-il en place, contribuant à vulgariser et diffuser largement, sous un jour alarmiste, les nouvelles études scientifiques qui s'inscrivent dans la lignée des travaux menés par le docteur Campbell ou qui viennent conforter les travaux menés par l'Anses. Le magazine d'informations en ligne *Slate*, qui se fait régulièrement le relais de ces initiatives et consacre par ailleurs de nombreux articles bienveillants au véganisme, constitue un bon exemple

1. Aymeric Caron, *No steak*, 2014, *op. cit.*, p. 202.
2. « Pour la santé », *vegan-pratique.fr*.
3. « Le végétarisme & le végétalisme... c'est bon pour la santé ! », *veganisme.fr*.

de cette campagne au long cours contre la consommation de produits carnés. Petit florilège glané au cours des dernières années : « Votre rôti du dimanche pollue votre maison comme si vous étiez à New Delhi » (19 février 2019) ; « Viande et cancer, ce qu'il faut savoir avant d'allumer votre barbecue » (28 mai 2019) ; « Consommez plus de protéines végétales et vous vivrez plus longtemps » (5 septembre 2019) ; « Il y a bel et bien un lien entre consommation de viande rouge et cancer colorectal » (22 octobre 2019) ; « La charcuterie attaque aussi vos poumons » (6 mars 2020) ; « Il faudrait payer la viande 2,5 fois plus cher pour compenser les coûts extérieurs » (24 décembre 2020).

« Manger de la viande tue », tel est le message que s'efforcent de diffuser largement les militants végans, détournant les préconisations de l'Anses qui invitait à réduire et non pas à supprimer complètement la consommation de produits carnés. Il s'agit d'un véritable retournement du sens de la consommation de viande qui est en train de s'opérer depuis quelques décennies et que les végans cherchent à précipiter. Roland Barthes, en 1957, dans ses *Mythologies*, avait élevé le bifteck au rang des nouveaux mythes contemporains de la vie quotidienne française : la viande rouge est un aliment vital.

> C'est le cœur de la viande, c'est la viande à l'état pur, et quiconque en prend s'assimile la force taurine. […] Manger un bifteck saignant représente donc à la fois une nature et une morale. Tous les tempéraments sont censés y trouver leur compte, les sanguins par

identités, les nerveux et les lymphatiques par compléments[1].

Plus que ça, le bifteck est un emblème de la vitalité nationale.

> C'est un bien français (circonscrit il est vrai, aujourd'hui, par l'invasion des steaks américains). Comme pour le vin, pas de contrainte alimentaire qui ne fasse rêver le Français de bifteck. À peine à l'étranger, la nostalgie s'en déclare[2].

Symbole des Trente Glorieuses, car sa consommation quotidienne représente « à la fois le progrès social et l'accès au bien-être[3] », la viande rouge a aujourd'hui perdu ses vertus et tend à devenir un produit dangereux. En plus des différentes études établissant un lien entre le développement des maladies chroniques, des accidents cardio-vasculaires ou de certains types de cancer et la consommation de viande, plusieurs scandales sanitaires et alimentaires ont constitué un terreau favorable à la naissance de ce contre-discours.

Les nouvelles peurs alimentaires

Au cours des dernières décennies, l'actualité a en effet été marquée par plusieurs cas d'épizootie, c'est-à-dire par plusieurs épidémies qui

1. Roland Barthes, *Mythologies*, Paris, Seuil, 2014, p. 72-73.
2. *Ibid.*, p. 74.
3. Jean-Pierre Poulain, cité dans Anne Chemin, « La viande rouge a mangé son pain blanc », *Le Monde*, 4 novembre 2015.

ont frappé les animaux et ont pu, parfois, se transmettre à l'homme. La maladie de la vache folle constitue sans doute l'épizootie la plus marquante et celle qui a porté le coup le plus dur à la consommation de viande. Détectée pour la première fois en 1986 au Royaume-Uni, l'encéphalopathie spongiforme bovine (ESB) est due à l'ingestion par le bétail de farines animales (farines de viande et d'os). L'ampleur du scandale tient tout autant à sa dimension sanitaire et à ses conséquences (plus de vingt millions de bovins abattus et plus de deux cents victimes humaines décédées de la maladie de Creutzfeldt-Jakob) qu'à sa dimension anthropologique et morale : le monde entier a découvert, horrifié, que des bovins, au nom de l'efficacité économique et dans une logique de rentabilité, étaient soumis à un régime cannibale[1]. La transformation d'herbivores en carnivores, aux yeux de l'opinion

1. La réalité est plus complexe que cette trop rapide description. En fait, dès la fin du xixe siècle, les éleveurs de troupeaux laitiers ont intégré dans l'alimentation de leur bétail des farines animales, composées de résidus de viande et d'os qui étaient chauffés à plus de 120 °C avant d'être transformés en farine. Mais le choc pétrolier de 1973 et la cherté de l'énergie ont contraint les éleveurs à faire des économies : la température de chauffe a été réduite à 80 °C et les agents responsables de l'ESB n'étaient plus détruits par la chaleur. Pour un panorama et une analyse complète de cette crise et de ses multiples conséquences, on se reportera utilement à l'article de Jean-Louis Lambert à l'entrée « Vache folle », in Jean-Pierre Poulain (dir.), *Dictionnaire des cultures alimentaires*, Paris, Presses Universitaires de France, 2018 ; et à l'ouvrage

publique, s'est apparentée à une véritable transgression qui a nourrit le sentiment d'insécurité alimentaire. La peur de l'empoisonnement, jusqu'alors oubliée, a ressurgi soudainement et la confiance dans le bon fonctionnement du système agro-industriel s'est brutalement érodée. Ont ainsi été enregistrées d'importantes baisses de la consommation de viande bovine en France de 25 % pour l'année 1996, lors de l'annonce des premières contaminations humaines, et de 40 % en 2000 à l'apogée de l'épidémie.

Autre cas d'épizootie avec risque de contamination de l'homme, qui a marqué les années 2000 et 2010: la grippe aviaire. Apparu en Asie en 2003, le virus H5N1 est responsable d'une épizootie qui a provoqué la mort de millions de volailles et d'une soixantaine de personnes. Le virus s'est largement diffusé dans le monde, y compris en France durant l'année 2005. Une nouvelle vague de grippe aviaire (le virus H5N8), née en Corée du Sud en 2014 avant de se diffuser partout dans le monde, a touché la France en 2016-2017, entraînant l'abattage préventif de centaines d'élevages. Aujourd'hui encore, des mesures de biosécurité sont imposées par l'État aux éleveurs afin de prévenir tout risque de contamination: ainsi, à l'automne 2020, les éleveurs de quarante-six départements sont tenus de confiner leurs volailles afin d'éviter tout risque de transmission du virus due au passage d'oiseaux migrateurs.

---

de Jocelyn Raude, *Sociologie d'une crise alimentaire, les consommateurs à l'épreuve de la maladie de la vache folle*, Paris, Lavoisier, 2008.

Enfin, il convient de signaler un autre scandale qui a marqué les esprits : l'affaire de la viande de cheval Spanghero. Quelque 750 tonnes de viande de cheval, faussement étiquetée bœuf, ont été retrouvées dans la composition de plats surgelés distribués dans six pays européens, dont la France. S'il ne s'agit pas d'un scandale sanitaire avec un risque de contamination pour l'homme, l'affaire des « lasagnes au cheval » a déclenché un important scandale alimentaire et révélé l'opacité du marché de la viande, et tout particulièrement de la viande transformée. L'importante médiatisation de cette affaire et son retentissement dans l'opinion publique sont dus, outre l'ampleur de la fraude et les circuits commerciaux pour le moins complexes qu'elle a révélés, au changement de catégorie du cheval, qui s'est quasiment haussé au rang d'animal de compagnie au cours des dernières décennies et dont la consommation de viande s'apparente désormais à une forme de « tabou ».

Si la liste des épizooties qui ont frappé la France ou des scandales alimentaires pourrait être poursuivie, les quelques exemples listés ci-dessus révèlent la situation paradoxale de l'alimentation dans le monde occidental. Le sociologue de l'alimentation Jean-Pierre Poulain note :

> Alors que les experts considèrent que dans les sociétés développées, en matière de sécurité sanitaire des aliments les risques objectifs n'ont jamais été aussi faibles, le grand public les ressent comme significativement plus importants. Désormais, le monde se partage donc entre ceux qui manquent ou craignent de

manquer de nourriture et ceux qui ont peur de leurs aliments[1].

Chaque année, en effet, ce sont plus 323 millions de tonnes de viande qui sont produites dans le monde, dont 60 millions en Europe. Au regard de ce volume, le risque d'empoisonnement lié à la viande est extrêmement faible : jamais le processus d'élevage, d'abattage, de distribution et de transformation des produits carnés n'aura été aussi sécurisé et encadré qu'à ce jour. Pourtant, le système de production alimentaire fait l'objet d'une défiance grandissante, sans commune mesure avec la menace réelle. Signe de la résurgence de cette anxiété, la revue *60 millions de consommateurs* a publié deux numéros spéciaux hors-série en mai 2018 et juin 2020 respectivement intitulés « Ces aliments qui nous empoisonnent » et « Manger sans s'empoisonner ».

Ce retour des « peurs alimentaires » et de la crainte de l'empoisonnement a sans doute profondément marqué la génération des *millennials* qui constitue l'essentiel des forces du mouvement végan. En effet, ces épizooties de grande ampleur, qui ont régulièrement fait la une de l'actualité, sont survenues durant leur enfance ou leur adolescence, à un moment où les choix et les préférences alimentaires se construisent et s'affermissent. À rebours de leurs parents ou de leurs grands-parents, qui ont grandi avec l'idée que la viande était un produit vital et essentiel pour le bien-être, les enfants des années 1980,

1. Jean-Pierre Poulain, *Sociologies de l'alimentation*, Presses Universitaires de France, 2017, p. 76.

1990 et 2000 ont été élevés dans un univers de défiance et de méfiance à l'égard des produits carnés. C'est d'ailleurs à partir des années 2000 que se sont développés nombre de labels, destinés à rassurer le consommateur, venant certifier la qualité de la viande et authentifier sa provenance, tels que les labels « Viande bovine française » (VBF) ou « Bœuf de tradition bouchère » (BTB)[1].

Le mouvement végan se saisit de ces nouvelles peurs alimentaires qu'il s'offre de pouvoir conjurer. La multiplication des épizooties est tout autant une des causes qu'une des conséquences de l'élevage industriel. Il est certain que le regroupement d'un volume important d'animaux domestiques en un même endroit facilite la diffusion des virus et des bactéries. Mais, à l'inverse, cette concentration permet une meilleure prophylaxie et une plus grande efficacité d'intervention des traitements. Avec le développement de l'industrie agroalimentaire, tout un système de biosécurité s'est mis progressivement en place, visant à réduire le plus possible les risques d'empoisonnement alimentaire. Pour autant, la déconnexion qui s'est établie entre l'ensemble des intervenants sur la chaîne de production de nourriture d'origine animale et la majeure partie de la population aboutit à la situation paradoxale décrite par Jean-Pierre Poulain : les peurs alimentaires ressurgissent. Surtout, elles offrent

1. Jérôme Bourdieu, « Normes et classification à l'épreuve de la crise de la vache folle », in Alessandro Stanziani (dir.), *La qualité des produits en France, XVIIIe-XXe siècles, Paris*, Belin, 2003.

un terrain sur lequel prospère un discours végan qu'on pourrait résumer ainsi : « les élevages créent de nouveaux virus ».

Les végans critiquent l'inefficience des mesures prophylactiques et des systèmes de biosécurité mis en place dans les élevages ou les abattoirs. Parmi celles-ci, les traitements antibiotiques administrés aux animaux occupent une place de choix. « Les antibiotiques, de plus en plus utilisés dans les élevages ne sont pas sans conséquence sur la santé animale, mais aussi humaine. La moitié des antibiotiques produits dans le monde sont destinés aux animaux d'élevages[1] », soutient Gwendoline Yzèbe. Cette prétendue surconsommation d'antibiotiques serait à l'origine d'un phénomène d'antibiorésistance, c'est-à-dire à « la capacité des bactéries à devenir de plus en plus résistantes aux antibiotiques. Cette résistance peut progressivement s'accentuer lorsque les antibiotiques sont utilisés en grande quantité, de façon inappropriée, sur de trop courtes ou de trop longues périodes », est-il expliqué sur le site *vegan-pratique.fr*. Il est également précisé que « lorsque nous consommons ces produits animaux nous pouvons être infectés par ces bactéries. Comme elles sont résistantes, les antibiotiques habituellement utilisés et connus ne sont plus efficaces et il devient alors très difficile et onéreux de guérir ces infections[2] ». La conclusion s'impose d'elle-même : ne plus consommer de produits animaux est la meilleure façon de diminuer le risque de contamination.

1. Gwendoline Yzèbe, *Vivre végane*, 2019, *op. cit.*, p. 61.
2. « Pour la santé », art. cité.

Le philosophe François Asher estime :

> La risquisation de la nourriture ne crée pas véritablement de nouveaux interdits alimentaires, mais place les individus dans une situation qui les contraint d'une certaine manière à expliciter leur philosophie de la vie et qui leur donne le sentiment qu'ils sont responsables de leur santé et de leur corps[1].

Le régime végan permet de conjurer le risque d'empoisonnement.

> Être au régime peut-être une façon de […] conjurer les peurs alimentaires. C'est ainsi qu'être au régime devient une façon de manger, une façon de vivre rassurante. Quitter le régime, c'est prendre le risque de l'angoisse, c'est vivre dangereusement[2].

Cette remarque, formulée au sujet des régimes minceur, peut aisément être transposée à cet autre type d'alimentation particulière que constitue le régime végan. Elle offre au mangeur une grille de lecture de notre système alimentaire et surtout une boussole pour s'y orienter sans risque : « Une alimentation végétalienne implique moins d'aliments transformés (attention tout de même à la composition de certaines

1. François Ascher, *Le mangeur hypermoderne ; une figure de l'individu éclectique*, Paris, Odile Jacob, 2005, p. 149.
2. Jean-Michel Lecerf, « Les dessous des régimes amaigrissants : raisons et déraisons », in Claude Fischler (dir.), *Les alimentations particulières ; mangerons-nous encore ensemble demain ?*, Paris, Odile Jacob, 2013.

simili-viandes), moins d'additifs puisque certains sont issus des animaux, moins de matières grasses saturées et de mauvais cholestérol. Les végétaliens se nourrissent de fruits, de légumes, de céréales et de légumineuses[1] », expliquent les militants végans.

La tendance healthy : porte d'entrée du véganisme

En réaction à ces différentes études scientifiques montrant la nocivité d'une trop grande consommation de viande ou à ces différentes crises qui ébranlent régulièrement nos certitudes de mangeurs, de nouvelles tendances de consommation ont émergé, contribuant à bouleverser nos habitudes alimentaires collectives et renforçant les stratégies d'évitement des produits carnés. Le mouvement de promotion de la *healthy food* ou du *clean eating* (nous utiliserons les deux appellations indifféremment), qui est né aux États-Unis à la fin des années 2000 et connaît depuis le milieu des années 2010 un important succès en Europe, en est sans doute le plus représentatif. Surtout, les orientations qu'il préconise sont un premier pas en direction du véganisme : plusieurs personnes deviennent ainsi véganes en ayant tout d'abord modifié leur alimentation dans le but d'améliorer leur bien-être.

La tendance *healthy* se caractérise par une attention particulière portée à la qualité des produits.

1. Gwendoline Yzèbe, *Vivre végane*, 2019, *op. cit.*, p. 65.

> La « healthy food » représente une alimentation 100 % naturelle, moins acide et plus végétale, composée de nutriments essentiels et d'aliments ultra bons pour la santé. « Manger healthy », c'est consommer des plats au top pour la forme et le moral. « Cuisiner healthy », c'est judicieusement choisir des ingrédients tous riches en « super-nutriments » pour apporter au corps tout ce dont il a besoin afin qu'il soit boosté et revitalisé[1].

Cette démarche qualitative ne s'intéresse pas tant aux conditions de production ou d'élaboration des produits qu'à leur qualité nutritionnelle supposée. Elle ne préconise pas de systématiquement préférer les produits AOC ou d'être dans une démarche d'achat d'aliments auprès d'artisans ou de producteurs spécifiques, à l'inverse du mouvement Slow Food par exemple. Elle invite avant tout à privilégier les aliments non transformés.

Le mouvement de *clean eating* est très informel : il ne se distingue pas par une doctrine ou des prescriptions alimentaires précises. Néanmoins, l'analyse de différents sites internet assurant la promotion d'un régime *healthy* fait ressortir quelques caractéristiques alimentaires saillantes. Tout d'abord, cette tendance alimentaire invite à réduire, sinon à bannir, la consommation de nourritures transformées : exit les plats cuisinés et autres conserves. L'idée est au contraire de privilégier des aliments frais, qui n'ont pas été altérés, qui sont demeurés

1. Amélie Lieb, « Comment cuisiner healthy ? », *fourchette-et-bikini.fr*, 24 juillet 2015.

purs. Dans la lignée de ce critère, il est ainsi préconisé d'éviter de consommer des produits d'origine animale tels que le lait, le beurre ou le fromage, car ils sont perçus comme étant « hautement transformés »: le processus d'élaboration les a éloignés de leur état naturel. Autre trait marquant: l'inquiétude face aux aliments dont la consommation régulière est supposée accroître le risque d'accidents cardio-vasculaires ou de maladies chroniques comme le diabète. Les consommateurs sont ainsi invités à privilégier les fruits et les légumes. S'il n'interdit pas de consommer des produits carnés, le mouvement de *clean eating* recommande de privilégier le poisson à la viande, la volaille à la viande rouge et surtout de réduire drastiquement la consommation de viande. Il n'est pas rare dans ces cas-là, qu'en plus des considérations sanitaires, des considérations liées à l'éthique animale entrent en ligne de compte.

Car le mouvement *healthy* est une réaction aux dysfonctionnements supposés du système agroalimentaire, à son manque d'éthique et à son défaut de transparence. Dans un des rares articles de presse tâchant de prendre la mesure de ce mouvement alimentaire, la journaliste du *Guardian* Bee Wilson note que:

> Le mouvement de *clean eating* – qu'on l'appelle ainsi ou autrement – peut sans doute être compris comme une réponse défaillante à un système de distribution alimentaire encore plus défaillant: un rêve de pureté dans un monde toxique. Marcher au milieu des rayons d'un supermarché c'est courir le risque d'être assailli

> de snacks gras et salés et de céréales enrichies, de « pains » qui n'ont été ni levés ni fermentés, de boissons sucrées à un prix dérisoire et de viande issue d'animaux élevés dans des conditions inhumaines[1].

Cette tendance alimentaire doit son succès au fait d'avoir repris une idée jusqu'alors exclusivement religieuse, la pureté des aliments, et de lui avoir donné un sens avant tout diététique. Un aliment pur est un aliment détox : il est chargé d'une valeur nutritionnelle et diététique nouvelle, paré d'une vertu sacrée qui lui permet de tenir à distance la maladie. Aussi, la vague du mouvement *healthy* permet-elle de venir conforter le mouvement végan qui voit son discours doté de qualités nutritionnelles inédites.

Surtout, le succès du mouvement *healthy* a permis de diversifier et renouveler les rayons des magasins alimentaires.

> Il est devenu rapidement évident que le « clean eating » était bien plus qu'un régime ; c'était un système de croyances, qui a diffusé l'idée que la façon dont la plupart des gens mangent n'est pas déséquilibrée, mais impure. Et surgissant de nulle part, tout un univers d'huile de noix de coco, de promesses douteuses et de spaghettis de courgettes a brusquement émergé. [Un des premiers auteurs d'un livre de recettes « healthy »] se souvient qu'il avait « bataillé » avec son éditeur « pour inclure des ingrédients comme le chou kale et le quinoa, parce que personne n'en avait entendu parler ».

1. Bee Wilson, « Why we fell for clean eating », *The Guardian*, 11 août 2017 (T.d.A.).

> Maintenant le quinoa est présent dans tous les supermarchés et le chou kale est devenu aussi courant que la laitue[1].

En effet, en promouvant de nouveaux produits alternatifs aux produits transformés habituels et en enrichissant grandement le type de fruits et légumes frais que l'on peut trouver dans le commerce, le mouvement de *healthy food* a facilité le développement du mouvement végan qui a soudainement vu s'étoffer l'offre de produits sans origine animale.

Le mouvement *healthy* constitue donc un sas vers le mouvement végan. Il n'est pas rare de lire des témoignages d'adeptes de la *clean food* qui soutiennent que ce n'est pas une simple mode alimentaire, mais un mode de vie : « En effet, une fois que l'on commence à faire attention à ce que l'on mange, on se rend vite compte que tout ce qui nous entoure pourrait être plus sain : cosmétiques, vêtements, entretien mais aussi notre condition physique… Et on a bien souvent envie de tout changer[2] ! » La notion d'équilibre alimentaire, qui est initialement au cœur du mouvement *healthy* tend progressivement à se confondre avec celle d'éthique : la quête d'un bien-être physique s'accompagne rapidement de celle d'un bien-être moral. Ce mouvement illustre pleinement l'intuition de Jean Baudrillard qui, dès 1970, affirmait que « le corps est notre plus bel objet de consommation », avant de noter que « tout témoigne

1. *Ibid.*
2. Amélie Lieb, « Comment cuisiner healthy ? », 2015, art. cité.

aujourd'hui que le corps est devenu un objet de salut ». Pour se sauver faut-il sauver tous les animaux ? Assurément, le véganisme entretient d'étroites connexions avec le domaine de la spiritualité et de la croyance.

Une utopie nutritionnelle

Les végans, en plus de leur stratégie d'évitement des produits d'origine animale, ont tendance à sacraliser certains aliments ou produits, au nom de leurs prétendues valeurs nutritionnelles ou hygiéniques et de leur taux d'éthicité. Nous avons ainsi assisté ces dernières années à l'apparition de « superaliments », appelés ainsi car ils possèdent des propriétés nutritionnelles exceptionnelles pour l'organisme et sont investis d'une importante charge éthique. Spiruline, noni, curcuma, ginseng de Corée, racines de maca, baies de goji, baobab, acérola, baie d'açaï, argousier, chlorella, ginkgo biloba, camu-camu, cordyceps, chou kale, agave, lucuma, maqui, etc. : la liste exotique et poétique des superaliments est longue…

Les graines de chia sont peut-être le superaliment le plus emblématique et le plus connu. Originaires du Mexique, ces petites graines que consommaient en grande quantité les Aztèques sont parées de nombreuses vertus que vantent les sites de santé, de bien-être ou de cuisine *green*. Petit florilège, glané sur différents sites et présenté pêle-mêle, des propriétés de cet aliment : « riches en acides gras oméga-3, en magnésium et en potassium, les graines de chia contribuent donc à une meilleure santé cardio-vasculaire[1] »; « si elle est devenue très tendance ces dernières années auprès des communautés végé, vegan et *healthy*, la graine de chia connaissait déjà ses heures de gloire auprès des Aztèques (elle était un ingrédient de base de leur alimentation), qui la consommaient, soi-disant, pour être plus endurants et intellectuellement supérieurs à leurs ennemis[2] ! »; « grâce à leur teneur en fibres et en acides gras essentiels, leur consommation est intéressante pour réduire les accidents cardio-vasculaires, réguler la tension artérielle... Mais ce n'est pas tout! Ces petites graines permettraient une meilleure régulation de la glycémie chez les diabétiques. Ces petites graines sont extrêmement riches en oméga-3 mais aussi en oméga-6[3] »; « leur teneur en calcium (631 mg pour 100 g, soit 5 fois plus que le lait), en magnésium et phosphore en fait une mine d'or pour réduire les risques d'ostéoporose et la dégradation des articulations[4] ».

L'attrait que suscitent les superaliments dont la consommation est, très souvent, un marqueur du véganisme, relève d'une forme de pensée

1. Marine Rondot, « Les 10 bienfaits des graines de chia », *passeportsante.net*.
2. Maëva Terroy, « 3 manières de cuisiner les graines de chia », *saveurs-magazine.fr*.
3. Catherine Conan, « Graines de chia: bienfaits, coupe-faim, comment les utiliser? », *sante.journaldesfemmes.fr*, 27 mai 2021.
4. Loreleï Bouquet Vautor, « Chia? La petite graine aux 1000 vertus », *aconsommerdepreference.lexpress.fr*, 28 novembre 2017.

magique. On assiste avec un mouvement tel que le véganisme à un retour de la croyance, à une forme d'animisme moderne imprégné d'un discours nutritionniste. La nature avec laquelle il faut renouer un lien direct, en la préservant ou en abolissant l'exploitation animale, est investie d'une dimension divine ou à tout le moins de propriétés magiques qui sont mesurées en termes nutritionnels.

La pensée végane est une pensée en partie superstitieuse. Les croyances superstitieuses ont pour but de conjurer l'angoisse, de pallier l'incertitude. Et ici, elles visent à conjurer le risque de tomber malade à la suite de l'ingestion d'aliments jugés néfastes.

> Actuellement, les peurs collectives constituent un terreau de captation pour les pratiques superstitieuses qui répondent pour partie au besoin d'adaptation des individus et des groupes à des contextes anxiogènes[1].

Les nouvelles peurs alimentaires génèrent des réactions superstitieuses auprès d'une population qui est particulièrement sensible à l'angoisse de l'empoisonnement insidieux et qui cherche à prévenir ce risque en privilégiant la consommation d'aliments investis d'une énergie positive. Un smoothie à base de graines de chia est au végan ce qu'une médaille de saint Christophe est à un marin ou à un automobiliste : la projection d'une angoisse et son remède tranquillisant.

---

1. Emmanuèle Gardair, Nicolas Roussiau, *La superstition aujourd'hui*, Louvain, De Boeck Supérieur, 2014.

> Finalement, à la base de la superstition se trouve souvent une conception de la chance ou de la malchance qui relève de la pensée magique. L'objectif avéré étant relatif à la tentative d'instaurer un contrôle sur des événements par nature incontrôlables, mais qui seraient pour les personnes superstitieuses, contrôlables, car sous l'emprise de forces qu'il faut conjurer[1] !

Ces superstitions alimentaires s'appuient sur un discours scientifique : tel aliment est particulièrement riche en oméga-3, tel autre contient tant de protéines ce qui équivaut à tant de fois la consommation journalière recommandée, etc. D'aucuns pourraient y voir un paradoxe. Or, il n'y a là rien d'incompatible.

> [Les avancées scientifiques, en matière nutritionnelle ici], plutôt que de refréner les croyances en constituent le support. Ces superstitions s'accommodent sans problème de références technologiques, voire prolifèrent grâce à elles. L'être humain n'est pas qu'un être rationnel et la technologie, produit direct de la science, se transforme ici en outil de la croyance[2].

L'autre particularité de ces aliments talismans tient au fait qu'ils sont anciens et font l'objet d'une redécouverte. Les graines de chia étaient consommées par les Aztèques, le quinoa une céréale dont étaient friands les Incas, le lupin une légumineuse cultivée depuis quatre mille ans et dont beaucoup ignorent cependant l'existence, les baies de goji un produit phare utilisé depuis

1. *Ibid.*
2. *Ibid.*

deux mille ans par la médecine chinoise, les graines de lin un oléagineux consommé depuis le Néolithique, etc. Cette insistance sur le long et lointain usage de ces aliments n'a pas uniquement une dimension marketing, mais s'inscrit dans « une tendance à imaginer que les pratiques alimentaires anciennes ou indigènes étaient intrinsèquement plus saines parce qu'elles sont supposées être plus simples et plus proches de la nature[1] ». À l'instar des fameux légumes oubliés qui inondent désormais nos marchés, ces aliments, en plus de leurs qualités nutritionnelles, portent en eux une charge historique et renvoient à un âge d'or mythique et révolu, un temps où l'homme vivait en harmonie avec la nature. De la même manière que la pensée végane a une vision fantasmée de l'agriculture qui reproduirait les gestes d'une époque primitive mais où l'homme n'élèverait ni ne chasserait le moindre animal, elle nourrit une conception illusoire de l'alimentation tâchant de retrouver un régime primitif. Cette tendance à idéaliser et à vouloir reproduire, à l'époque de la consommation de masse, des cultures alimentaires « primitives » relève pleinement de ce que Jessica Loyer et Christine Knight appellent « une utopie nutritionnelle[2] », dimension qui est constitutive de la pensée

1. Jessica Loyer, « Smoothies as talismans : the allure of superfoods and the dangers of nutritional primitivism », *The Conversation*, 21 juillet 2016.
2. Jessica Loyer, Christine Knight, « Selling the "Inca superfood": nutritional primitivism in superfoods books and maca marketing », in *Food, Culture & Society*, vol. 21, 13 août 2018, p. 449-467.

végane. On notera néanmoins que ce réinvestissement des aliments primitifs a une dimension ironique. Ces « nourritures primitives », ces aliments talismans auxquels les végans accordent tant de valeur, compte tenu de leurs qualités nutritionnelles supposées et de l'idée de communion avec la nature qu'ils véhiculent, sont en fait cultivés avec les techniques modernes de l'agriculture intensive.

*

Ces interrogations autour des dangers générés par l'alimentation carnée sont caractéristiques d'une société qui a éliminé le risque de pénurie alimentaire. Et c'est parce qu'elle ne fait pas face à une insécurité alimentaire qu'elle est aussi sensible aux risques sanitaires. À l'angoisse de la disette succède la quête du régime. « Tous les habitants des pays développés, à l'exception des très pauvres, sont "au régime" », remarque Anthony Giddens dans *La transformation de l'intimité*[1]. Cette résurgence des peurs alimentaires se traduit par une volonté de simplification de son alimentation, en rétablissant une dichotomie directement inspirée des religions : le licite et l'illicite, le pur et l'impur. Ce n'est pas innocemment que Jean-Michel Lecerf note que « nos contemporains choisissent si souvent de rentrer en régime comme on rentre en

1. Anthony Giddens, *La transformation de l'intimité*, Paris, Fayard, 2006, p. 47.

religion[1] ». Le véganisme offre une grille de lecture du monde, dans laquelle la cause animale, la peur environnementale et l'angoisse hygiéniste occupent une place centrale. Il offre surtout une grille de consommation, permettant tout autant de se repérer dans les rayons des magasins que de se distinguer de ses pairs.

1. Jean-Michel Lecerf, « Les dessous des régimes amaigrissants : raisons et déraisons », 2013, art. cité, p. 143.

5
De l'idéologie à l'action

Les spécificités de l'idéologie végane commandent l'organisation du mouvement végan. Le projet de transformation de la société par le marché nécessite une implication accrue dans la sphère économique bien plus que dans la sphère politique. C'est pourquoi il est nécessaire, pour appréhender de la façon la plus complète le véganisme en tant que phénomène idéologique, d'étudier ses modalités d'action et le travail quotidien des végans pour convaincre et faire adhérer à leur projet de nouveaux militants.

Si les modalités d'intervention des végans dans l'espace public diffèrent radicalement du répertoire d'actions habituellement usité par les mouvements politiques, nous avançons ici l'hypothèse que cette spécificité n'a rien d'accidentel ni d'unique, mais qu'elle constitue une première étape de la recomposition de la scène politique telle qu'elle va s'opérer dans les années à venir. En effet, le combat politique, l'affrontement idéologique et le débat d'idées vont progressivement se déplacer des institutions politiques vers les institutions économiques, du Parlement vers le marché. Déjà, les entreprises prennent le pas sur le politique et leurs démarches viennent se substituer (ou du moins compléter) les politiques publiques déclinées au niveau national. La responsabilité sociétale des entreprises, l'intervention des acteurs économiques privés dans le champ du social, sont autant de nouvelles entrées au répertoire des actions politiques.

L'étude des principaux acteurs du véganisme en France et de leurs modalités d'intervention publique va nous permettre de comprendre ce mouvement de délocalisation de l'engagement de la sphère politique vers la sphère économique. La galaxie de partis et de groupuscules qui se sont constitués autour d'une certaine idée de la société laisse désormais place à une myriade d'associations et de collectifs qui émanent directement de la société civile et manifestent une certaine distance à l'égard des formations partisanes. La stratégie politique de conquête du pouvoir, qui structure et dynamise un courant politique, est remplacée par une stratégie marketing qui a pour but de conforter des parts de marché et de gagner de nouveaux consommateurs. Ce changement se traduit en matière de ressources humaines : les militants, les chefs de section, les intellectuels organiques, les organes de presse laissent place à une kyrielle de followers, de community managers, d'influenceurs, de labels, de commerces spécialisés, etc. Tous interviennent sur ce qu'il convient d'appeler « le marché de la croyance » : la responsabilisation de l'économie, qu'ils cherchent à promouvoir, cache en fait une marchandisation de l'éthique.

Agir politiquement dans une société de marché

Les principaux acteurs du véganisme peuvent être regroupés en trois catégories, qui correspondent à trois modes d'intervention dans la société. La première catégorie regroupe les associations et collectifs dont l'objectif principal est l'information et la sensibilisation autour de la pensée végane. La deuxième rassemble les organisations à finalité économique. La troisième réunit les mouvements qui ont une dimension principalement politique.

Informer et sensibiliser

Au sein de cette première catégorie, on compte de nombreux groupes, certains exclusivement numériques, d'autres disposant d'une structure physique. Quatre associations se détachent et constituent le noyau dur de cette catégorie : l'association L214, dont nous parlerons plus en détail après, l'association 269 Life France (à ne pas confondre avec le groupuscule activiste 269 Libération animale), l'association internationale PETA, et le collectif One Voice.

L'association 269 Life France tire son nom du matricule d'un veau sauvé de l'abattoir. Il s'agit en fait de la branche française du mouvement international 269 Life, né en Israël et qui a essaimé un peu partout dans les pays occidentaux. L'association, qui se réclame de l'antispécisme, milite pour la défense de la cause animale et la promotion du modèle végan ainsi qu'elle l'affirme sur son site internet :

> Les animaux des autres espèces [que le veau n° 269 sauvé] ne sont pas des numéros sans visage, ils existent à la première personne. Ils ne sont pas « du poulet », « du cochon » ou « du poisson », mais chacun d'entre eux est un être unique ayant des intérêts propres. Mépriser volontairement et sans nécessité les intérêts fondamentaux des autres sous prétexte qu'ils sont d'une autre espèce ne peut être justifié moralement. Le rejet de la discrimination par l'espèce (spécisme) est un impératif, au même titre que le rejet du racisme ou du sexisme. Le respect de l'animal s'incarne dans la volonté de construire une société végane, notamment débarrassée de l'industrie du meurtre prémédité et du commerce d'organes[1].

Comme de nombreuses autres associations, elle est en lutte contre l'élevage, la viande éthique (ou heureuse), la chasse, l'utilisation d'animaux à des fins de divertissement, l'utilisation de la fourrure animale, l'expérimentation médicale sur les animaux. Surtout, elle s'inscrit pleinement dans une logique de sensibilisation du plus grand nombre :

> Nous avons pour vocation d'informer le grand public et les militant-e-s, peu importe leur cheminement vers le véganisme, peu importe la nature de leur investissement. Chaque minute accordée aux animaux martyres (sic) est un pas vers leur libération[2].

1. URL : <https://www.269life-france.com/>.
2. « L'association 269 Life France Officiel », *269lifre-france.com.*

L'association PETA (People for the ethical treatment of animals), fondée en 1980, a pour vocation d'établir et de protéger les droits de tous les animaux. Il s'agit de la plus importante organisation en faveur de la cause animale et des droits des animaux : elle revendique plus de trois millions d'adhérents à travers le monde. Si, historiquement, elle mène un combat contre l'élevage industriel, l'élevage d'animaux à fourrure, les expérimentations sur les animaux et les spectacles avec des animaux, elle a progressivement élargi son champ d'action, embrassant l'idéologie végane. Son antenne française propose notamment un *Guide du végan en herbe*, téléchargeable ou distribué gratuitement, qui propose de nombreuses recettes, conseils et informations. Elle recense également les différents commerces et restaurants végans dans les principales villes françaises. Son implantation et ses ressources abondantes (le siège américain dispose d'un budget de plus de 50 millions de dollars et compte trois cent quatre-vingt-neuf employés à travers le monde) en font un acteur majeur du combat animaliste. PETA s'appuie régulièrement sur des célébrités pour promouvoir son action.

One Voice est une association française fondée en 1995 par Muriel Arnal avec le parrainage du philosophe Théodore Monod. Dotée d'un budget annuel de plus de 3 millions d'euros, One Voice défend « une éthique animale et planétaire » : elle se veut la voix unique des animaux, des humains et de la planète. Elle a un tigre pour logo, symbolisant son engagement en faveur des animaux domestiques et des animaux sauvages, mais aussi sa volonté de redonner à la planète sa dimension sauvage, naturelle, défaite de l'empreinte de l'homme. « La Nature doit retrouver sa place dans nos existences et le retour à l'équilibre ne se fera pas sans l'émergence de modes de vie éthiques et respectueux de tous[1]. » Contrairement aux autres associations antispécistes françaises, One Voice a une dimension internationale : elle intervient en Inde, en Chine, en Russie, au Brésil. « One Voice agit partout où les animaux sont victimes de cruauté et dénonce leur sort, bien souvent lié à nos pratiques occidentales (élevage des singes pour les laboratoires, industrie de la fourrure, chasse aux trophées, approvisionnement des delphinariums…)[2]. » Depuis les années 2010, à l'instar de PETA, elle dispose de son propre label qui certifie que les produits sur lesquels il est apposé n'ont pas été testés sur les animaux vivants ou en devenir (fœtus), ne contiennent pas de produits d'origine animale et sont issus de l'agriculture biologique. Prônant initialement le végétarisme, l'association a donc fait évoluer ses positions vers une plus grande radicalité sous l'effet de la concurrence d'autres associations similaires.

Organiser l'économie

À côté de ce réseau associatif, qui contribue à diffuser largement la pensée végane, se constitue une deuxième catégorie d'acteurs du véganisme qui réunit les organisations ayant vocation à intervenir sur le terrain économique. Ces structures

1. « La vision », *one-voice.fr*.
2. Théodore Monod, « L'histoire de One Voice », *one-voice.fr*.

assurent la promotion des produits et des modes de production végans ; elles contribuent à donner de la visibilité à la consommation végane.

Nous rangeons dans cette catégorie les producteurs végans. L'entreprise Jay&Joy est une crémerie végétalienne qui fabrique des « fromages végétaux », à base de lait d'amande et noix de cajou ; la marque VB Vegan Bag crée des produits de maroquinerie à partir de déchets de pomme (Apple Skin), de feuilles d'ananas (Piñatex) ou de cactus ; la société PLS Cosmetics propose des lignes de maquillage certifiées « 100 % Vegan, Cruelty & Paraben Free » pour se maquiller de manière saine, éthique et responsable ; le chausseur Beyond Skin fabrique et vend des chaussures véganes de luxe prônant une mode soutenable et durable ; quant à l'entreprise Iokko, signe de la diversité entrepreneuriale végane, elle commercialise des bougies à base de cire végétale de soja. La liste pourrait être poursuivie, mais serait de peu d'intérêt : aujourd'hui, notre avancée technologique permet de proposer des ersatz de l'ensemble de nos produits de consommation quotidienne, sans le moindre intrant animal dans leur composition.

L'économie végane dispose également d'une interprofession. Vegan France Interpro (VFI) se présente en effet comme « l'association des entrepreneurs et entreprises de la filière végane française[1] ». Fondé en 2013, ce réseau réunit environ cent cinquante entreprises qui produisent des biens conformes à l'éthique végane. Se posant en défenseur des intérêts des PME de la filière

1. « Notre mission », *vegan-france.fr.*

végane, il fonctionne comme une interprofession et mène un travail d'influence, aussi bien au niveau national qu'européen, pour la défense des intérêts économiques de ces sociétés. L'existence de ce réseau traduit l'ambition des entrepreneurs végans : ils sont aujourd'hui engagés dans une entreprise de normalisation, dans tous les sens du terme. À l'instar de tous les autres secteurs économiques, ils souhaitent se normaliser. Comme les autres, ils disposent donc d'une interprofession qui a vocation à les représenter, à parler en leur nom, à défendre leurs intérêts auprès des pouvoirs publics. Mais surtout, à travers cette structure, ils cherchent à se doter de normes de production communes et reconnues. Vegan France Interpro, à cette fin, promeut la certification EVE Vegan, octroyée par l'organisme français Expertise Végane Europe, qui vise à garantir que les produits sont bien conformes aux normes de production véganes.

En aval de la chaîne de production, on recense de nombreux commerces. Si certains disposent d'une adresse physique, beaucoup sont des boutiques en ligne, à l'instar de The Vegan Shop. Le mouvement végan se distingue en effet par une très forte empreinte numérique. C'est grâce à la démocratisation de l'accès à internet que la communauté végane s'est structurée. L'irruption d'internet dans tous les foyers a cristallisé les évolutions et les tendances qui se dessinaient. Des individus jusqu'alors sensibles à la cause végane mais qui appréhendaient de sauter le pas ont soudain découvert l'existence d'une large communauté. Surtout, le développement du e-commerce a rendu accessible au plus grand nombre, et à moindre coût, des produits conformes à l'éthique végane. Le développement du véganisme est consubstantiel au développement du numérique : internet n'a pas été un accélérateur de tendance, mais un véritable catalyseur.

De nombreux sites sont en fait de vastes répertoires et annuaires, à l'instar de *happycow.net* qui permet de trouver des restaurants végans dans le monde entier. Le site Veggie Hotels recense des hébergements touristiques répondant aux critères végans. Le catalogue du site ne dénombre pas uniquement les hôtels ou chambres d'hôtes qui proposent une cuisine végane, mais ceux qui proposent de vivre une expérience végane la plus complète durant le séjour : l'établissement doit avoir été conçu en respectant les principes de la construction biologique et son ameublement être le plus respectueux de l'environnement.

L'idéologie végane s'est principalement diffusée sur les réseaux sociaux, à la fois parce que les militants végans en sont des utilisateurs quotidiens et parce que leur cœur de cible correspond à la tranche d'âge particulièrement active sur les réseaux, à savoir les 18-35 ans, la génération des Trente Génériques. Le militant végan Jihem Doe, animateur d'une chaîne YouTube, confiait au *Monde :*

> Il faut parler aux jeunes, car ce sont eux qui construiront le monde de demain. Ce sont également les plus exposés à la propagande des lobbies de la viande contre lesquels nous sommes en guerre[1] !

1. Sandra Franrenet, « Les végans à l'assaut de YouTube », *Le Monde*, 22 septembre 2017.

Parce qu'ils ont vu naître les réseaux sociaux et en ont mesuré les potentialités, les militants végans ont compris mieux que quiconque le pouvoir de viralité des images. Aussi, les influenceurs numériques occupent-ils un rôle spécifique dans l'écosystème végan. Ils sont tout à la fois des relais et des prescripteurs d'opinion. D'une part, ils contribuent à diffuser la pensée végane auprès de leur communauté de followers : ce sont avant tout des militants qui cherchent à sensibiliser au véganisme et à faire vivre cette idéologie dans ses dimensions les plus quotidiennes. En cela, ils relèvent pleinement de la première catégorie d'acteurs identifiée. D'autre part, à travers leurs publications, ils cherchent à orienter leur communauté vers tel ou tel produit : ce sont des relais publicitaires des entreprises et producteurs végans.

C'est toute une cohorte de militants qui œuvre sur les réseaux sociaux. Instagrammeurs, snapchatteurs, youtubeurs : tous mènent à leur échelle une stratégie d'influence, tous se font le relais d'un même message, tous sont le véhicule et le visage heureux du véganisme. Les pages des sites consacrés à l'idéologie végane regorgent de liens et de renvois vers ces militants qui, depuis leur domicile, téléphone en main, prêchent la bonne parole et illustrent au quotidien les vertus de ce mode de vie. L'influenceuse française Alice Esmeralda publie quotidiennement sur son compte Instagram suivi par près de quatre-vingt-dix mille personnes des recettes véganes ou met en avant des produits labellisés. Sa chaîne YouTube, qui compte plus de deux cent quatre-vingt-dix mille abonnés, regorge de trucs et astuces et de tutoriels en tous genres pour vivre au quotidien son véganisme. La militante Chloé Tesla met ses talents et compétences de mannequin au service de la cause végane. Sur son compte Instagram, elle poste de nombreuses photos de mode où elle ne porte que des vêtements sans la moindre matière animale. Ici, elle exhibe un sac végan, exclusivement réalisé à partir de matières végétales ; là, elle arbore un maquillage sans le moindre intrant d'origine animale. La Québécoise Audrey Sckoropad, une ancienne enfant star de la télé outre-Atlantique, partage sur les réseaux son quotidien de mère épanouie. Maternité, bien-être, alimentation : le message est clair, le véganisme peut se vivre à tous les âges de la vie. À destination d'un public majoritairement masculin, la chaîne TreeningLife offre un tas de conseils pour allier pratique sportive, notamment la musculation, et mode de vie végan. Comment élaborer une assiette végane qui concilie objectifs sportifs et préoccupations éthiques ? Comment assurer sa prise de masse tout en suivant une alimentation exclusivement végane ? On citera également le travail réalisé par le chef Jean-Philippe Cyr : sur YouTube, sur Instagram (près de quatre-vingt mille abonnés), sur son blog et désormais à travers ses livres de recettes de cuisine, il partage son savoir-faire et démontre qu'il est facile de cuisiner végan. Il propose ainsi sa recette de poulet frit dans laquelle les pleurotes tiennent lieu de viande, de chili con carne sans viande, ou de cheddar fumé sans fromage.

Les végans forment une communauté numérique très nombreuse et très variée qui contribue à diffuser, sur les réseaux sociaux, le *vegan way of life*. Surtout, ces influenceurs sont nombreux à naviguer entre le militantisme désintéressé et l'entrepreneuriat digital. En effet, leur audience peut rapidement devenir monétisable : l'une deviendra ambassadrice pour telle marque de cosmétiques véganes, l'autre fera de la publicité pour tel groupe d'aliments végans. Les influenceurs sont leur propre produit : avant que d'être les ambassadeurs d'une cause, ils sont les entrepreneurs d'eux-mêmes. Il n'est ainsi pas rare que les principaux influenceurs végans transforment leur contenu digital en un livre, signe d'un accomplissement entrepreneurial : ils ne sont plus seulement les relais de discours ou de produits végans, ils deviennent à leur tour des producteurs de contenus, une marque reconnue et identifiée comme telle par la communauté végane. La frontière entre la politique et l'économie est extrêmement poreuse. Il s'agit sans doute d'une importante transformation du militantisme ces dernières années. Auparavant, rares étaient les militants qui monétisaient leur audience. C'était un privilège réservé exclusivement au personnel politique le plus en vue ou aux intellectuels organiques. L'aspect financier était secondaire, il en était escompté avant tout un bénéfice politique : la parution d'un livre précédait souvent le lancement d'une campagne ou annonçait des recompositions au sein du parti. Désormais, on assiste à un phénomène de marchandisation de l'engagement : s'engager devient un investissement, dans tous les sens du terme. Le discours politique devient un produit de consommation comme un autre.

Politiser la cause végane

Enfin, troisième catégorie, les groupes de nature plus politique. Parmi eux, on peut ranger le Parti animaliste fondé en 2016 qui, même s'il ne constitue pas à proprement parler un parti végan compte tenu de sa dimension monothématique, s'inscrit dans cette mouvance. Il a créé la surprise lors des élections européennes de 2019 en réunissant 2,2 % des suffrages, soit quelque quatre cent quatre-vingt-dix mille voix, et revendique douze élus aux élections municipales de 2020. Ainsi que nous l'avons indiqué plus haut, la déclaration de candidature de Hélène Thouy, la représentante du Parti animaliste à l'élection présidentielle de 2022 participe moins d'une volonté de la communauté végane de se lancer dans l'arène politique que d'un souhait de profiter de la visibilité et de l'exposition médiatique offertes par ce scrutin : le Parti animaliste ne cherche pas à s'emparer du pouvoir mais à mettre au cœur du débat public la question animale. Surtout, sa seule volonté de participer à la course à la présidentielle va obliger les autres candidats, et notamment ceux de plus grande envergure, à prendre position de façon beaucoup plus affirmée sur ce sujet.

Le Parti antispéciste citoyen pour la transparence et l'éthique (PACTE) se rapproche le plus de ce que pourrait être un parti végan. En effet, ce parti se présente comme l'incarnation de la philosophie antispéciste et revendique clairement une logique intersectionnelle puisqu'il « appelle à une déconstruction radicale de toutes formes de logiques discriminatoires. Le spécisme, le racisme, le sexisme, l'homophobie, la transphobie, le rejet du handicap, l'âgisme ne doivent plus imprégner les consciences collectives[1] ». À la différence du Parti animaliste dont le programme politique se réduit à la seule thématique animale, le PACTE cherche à embrasser la totalité de la société et présente une plate-forme programmatique complète, avec des propositions dans le domaine de l'alimentation, de l'agriculture, de la santé, de l'économie, de l'éducation et même des relations internationales. Le parti fondé en 2018 par Aymeric Caron, la Révolution écologique pour le vivant (REV), se revendique ouvertement végan, « parce que nos choix d'alimentation définissent qui l'on est, et que nous voulons être un mouvement antispéciste, refusant l'exploitation et le massacre des animaux non humains pour assouvir des pulsions alimentaires morbides et non nécessaires[2] ». Il propose également un programme complet, englobant différentes thématiques, à l'instar du PACTE.

Cette catégorie abrite également des mouvements moins institutionnalisés, qui n'hésitent pas à mener des actions violentes. Ces activistes mènent le combat contre l'idéologie « carniste » : sabotage économique, agressions physiques, dégradations de bâtiments ou de biens. À ce titre, ils entretiennent des liens étroits avec les mouvements anarchistes et anticapitalistes. Dans son étude des mouvements animalistes

1. URL : <https://www.parti-antispeciste.fr/>.
2. « Les valeurs de la REV », *rev-parti.fr*.

radicaux[1], Eddy Fougier note que le Front de libération des animaux (Animal Liberation Front ou ALF en anglais) constitue le modèle de référence de ces groupes activistes. Tant par sa structure relativement souple (« Tout groupe de personnes végétariennes ou vegans qui effectue des actions en accord avec les règles de conduite établies par l'ALF a le droit de se revendiquer comme partie intégrante de l'ALF ») que par son répertoire d'actions (sauvetage et libération d'animaux dans des élevages, des laboratoires, ou des abattoirs, opérations de sabotage et de harcèlement, etc.)[2]. Autre mouvement radical de libération animale : le collectif 269 Libération animale. Il est né en 2016 de la scission avec

---

1. Eddy Fougier, *La contestation animaliste radicale*, note pour la Fondation pour l'innovation politique, janvier 2019. Les citations qui suivent en sont directement extraites.
2. L'ALF a défini cinq « règles de conduite » qui constituent son credo :

   1. Devoir libérer les animaux de tous les lieux où ils sont victimes d'abus. [...]
   2. Devoir infliger des dommages financiers à ceux qui profitent de la misère et de l'exploitation des animaux.
   3. Devoir révéler l'horreur et les atrocités commises envers les animaux derrière des portes fermées, via des actions directes non violentes et des libérations d'animaux.
   4. Devoir prendre toutes les précautions nécessaires pour ne pas blesser d'animaux, humains ou non-humains.
   5. Devoir analyser les conséquences de toutes les actions proposées, et ne jamais faire de généralisations lorsqu'une information spécifique est disponible

   Source : Ze Marmotte Warrior, « ALF : Le Credo », *alf-france.over-blog.org*, 23 juillet 2007.

l'association 269 Life France sous l'impulsion de Tiphaine Lagarde et de Ceylan Cirik à Lyon, plusieurs fois condamnés à des amendes et des peines avec sursis pour leur activisme. Ce mouvement prône l'action directe et se réclame de la désobéissance civile. Ses membres participent à plusieurs blocages d'abattoir ou opérations de libération d'animaux: ils affirment avoir libéré plus de deux cent cinquante animaux depuis la création du mouvement activiste. Surtout, ils se distinguent notamment des autres militants végans ou antispécistes par le fait qu'ils se font tatouer sur le corps le numéro « 269 », en solidarité avec tous les animaux conduits à l'abattoir, certains allant même jusqu'à se faire marquer au fer rouge lors de happenings. Dernièrement, les fondateurs de 269 Libération animale ont monté un refuge en Lorraine où ils accueillent une quarantaine d'animaux, autrefois domestiqués et qui apprennent à s'émanciper.

L214, l'organisation la plus aboutie

L214 est sans doute l'association la plus connue et la plus médiatisée au sein du mouvement végan. Elle tire son nom de l'article du code rural et de la pêche maritime qui, en 1976, désigne pour la première fois les animaux en tant qu'êtres sensibles[1]. La démarche de cette association est également la plus aboutie et la plus

1. Code rural, art L214-1: « Tout animal étant un être sensible doit être placé par son propriétaire dans des conditions compatibles avec les impératifs biologiques de son espèce. »

complète, à ce jour, puisqu'elle intervient dans les trois domaines définis plus haut. L'association, fondée en 2008 par Brigitte Gothière et Sébastien Arsac, déclare articuler son travail autour de trois axes complémentaires :

> Rendre compte de la réalité des pratiques les plus répandues, les faire évoluer ou disparaître par des campagnes d'information et de sensibilisation. […] Démontrer l'impact négatif de la consommation de produits animaux (terrestres ou aquatiques) et proposer des alternatives. Nourrir le débat public sur la condition animale, soulever la question du spécisme, revendiquer l'arrêt de la consommation des animaux et des autres pratiques qui leur nuisent[1].

L'association intervient en effet dans le domaine de l'information, de l'économie et de la politique grâce à l'environnement numérique et associatif qui s'est progressivement constitué autour d'elle.

En quelques années, L214 est devenue un véritable lobby, qui dispose d'une réelle puissance financière et d'importantes ressources humaines. L214 a bénéficié de plus de 5,9 millions d'euros de dons pour la seule année 2020 (en progression de 1,1 million par rapport à l'année précédente) tandis que son budget de fonctionnement annuel est inférieur à 5 millions ; l'organisation dispose par ailleurs de 7 millions d'euros de réserve. L214 se prévaut de quarante-huit mille six cents membres, d'environ mille bénévoles actifs en 2020 (contre deux mille cinq cents avant la crise sanitaire) et affirme compter dans ses rangs soixante-quatorze salariés, dont soixante-trois

1. « En bref », *l214.com*.

en CDI. C'est un développement fulgurant : en 2015, on ne recensait que douze salariés, dont trois seulement en CDI[1].

Le site L214, qui abrite de nombreuses vidéos dénonçant des situations jugées intolérables dans des abattoirs ou des élevages, propose une documentation abondante sur les principaux animaux domestiques, fruit des enquêtes de terrain et des recherches documentaires réalisées par des militants. C'est ainsi tout le cycle de production alimentaire qui est dévoilé, de l'élevage jusqu'à l'abattage. L'association L214 anime également le site *viande.info* qui présente l'impact de la consommation de produits d'origine animale sur les humains, les animaux et l'environnement ainsi que le site *abolir-la-viande.org* qui cherche à faire comprendre et faire vivre les revendications abolitionnistes. Le site *vegan-pratique.fr*, quant à lui, donne des conseils et des recettes pour adopter une alimentation végétale. Les informations nutritionnelles vantant les vertus du véganisme côtoient les trucs et astuces permettant de sublimer un steak de tofu. À destination du grand public et conçu comme une porte d'entrée dans le véganisme, le site propose notamment un « Veggie Challenge » invitant à se lancer à la découverte du régime végan durant vingt et un jours et contient une page d'information pour des parents éventuellement inquiets des choix alimentaires de leur enfant, « mon enfant devient végan ». Plus intéressant, et révélateur du travail de long terme que poursuit le mouvement végan, L214 a mis en

1. Dan Israel, « Burn-out, "harcèlement"… : d'anciens salariés de L214 dévoilent l'envers du succès », *Mediapart*, 20 mai 2021.

place un contenu pédagogique à destination des enfants de 10 à 14 ans et de leurs enseignants. Le site L214 éducation[1] propose ainsi des ressources pédagogiques, des vidéos éducatives, des expositions itinérantes ou encore un périodique intitulé *Mon journal animal* dont l'objectif est de sensibiliser les plus jeunes à la cause animale.

L214 intervient également sur le terrain économique en s'appuyant sur deux sites. Le premier, VegOresto[2] recense tous les restaurants qui proposent « une alternative 100 % végétale à leur carte ». Le second, Improved[3] (IMaginer les PROpositions VÉgétales de Demain), a pour objectif de sensibiliser les professionnels de l'agroalimentaire aux effets de la consommation de produits d'origine animale et de leur fournir l'expertise nécessaire pour rendre les alternatives végétales accessibles à tous. Ici, L214 cherche à transformer de la façon la plus directe possible la chaîne de production alimentaire en intervenant auprès d'entrepreneurs, de fournisseurs, de distributeurs, de directeurs de la restauration ou de chefs cuisiniers. Surtout, les services proposés, « pris en charge intégralement par l'association L214, sont totalement gratuits[4] ».

Enfin, L214 est depuis plusieurs années à présent un intervenant régulier dans le débat public et acquiert peu à peu un rôle politique plus important. Ainsi, c'est à la suite de la diffusion d'une vidéo de L214 que l'Assemblée nationale a déclenché la première commission d'enquête

1. URL : <https://education.l214.com>.
2. URL : <https://vegoresto.fr/>.
3. URL : <https://improved-food.com/>.
4. « À propos de nous », *improved-food.com*.

sur les conditions d'abattage des animaux de boucherie dans les abattoirs français. Dans le cadre de ce travail, la fondatrice et porte-parole de l'association, Brigitte Gothière, a été auditionnée par les députés. Plus récemment, elle a partagé son expertise avec le parlementaire en charge du rapport sur la protection du bien-être animal au sein de l'Union européenne. Surtout, on doit au travail de lobbying mené entre autres par L214 les propositions d'installer des caméras de vidéosurveillance dans les abattoirs et les réflexions autour de l'évolution du statut de lanceur d'alerte pour les salariés qui dénonceraient des pratiques non conformes dans leurs entreprises. L'association L214 anime également le site Politique & animaux, qui recense et présente les positions des personnalités politiques, d'envergure aussi bien nationale que locale, sur divers thèmes liés à la condition animale. Les élus sont ainsi évalués et se voient attribuer une note, en fonction de leur prise en compte des revendications animalistes. Enfin, le site Actions express pour les animaux permet de s'abonner à une newsletter pour ne manquer aucune des nombreuses pétitions à signer et à diffuser.

Ce passage en revue des principaux acteurs du véganisme nous montre que la communauté végane est avant tout une communauté de consommateurs engagés. Les principales organisations véganes interviennent non pas dans le champ du politique, mais dans le domaine de l'information et de la sensibilisation, ainsi que dans celui de la consommation. C'est le signe de nouvelles formes d'engagement et d'expression politiques, propres à une société de marché.

Vers une économie de la confiance

L'idéologie végane se diffuse au sein de la société principalement par les voies du marché : c'est une pensée politique qui trouve son principal véhicule dans la sphère économique. La transformation de la société s'opérera d'abord par le changement de nos pratiques de consommation et dans un second temps seulement par la réforme politique des institutions. Ainsi qu'on l'a vu au cours des chapitres précédents, les différents acteurs du véganisme contribuent à faire évoluer – marginalement mais significativement – le marché. Sous l'effet de nouvelles exigences des consommateurs, l'offre évolue de façon à se conformer totalement ou partiellement aux critères végans. L'objectif de ces lignes est d'étudier la manière dont les végans interrogent le fonctionnement du marché et entraînent son évolution. La stratégie d'influence tous azimuts du véganisme obéit à une logique spécifique, qui ne peut se comprendre qu'à l'aune du marché, où chaque acteur occupe un rôle spécifique, se voit assigner une fonction particulière dans ce système qu'est l'alimentation.

S'insérer dans les systèmes experts

Pour bien comprendre la façon dont le véganisme parvient à mettre en tension la sphère économique, il convient de s'appuyer sur la notion de système expert, élaborée par Anthony

Giddens dans *Les conséquences de la modernité*[1]. Un système expert concerne un domaine technique spécifique, extrêmement complexe car nécessitant l'intervention de nombreux acteurs, la mobilisation de technologies sophistiquées ou l'application de nombreux processus, et dont le bénéficiaire final ignore le fonctionnement exact et les principes qui l'organisent. On peut penser, par exemple, au système bancaire. Le titulaire d'un compte bancaire est, en général, dénué de tout savoir technique particulier en ce domaine : il ignore les circuits empruntés par son épargne, il n'a pas connaissance des projets auxquels la banque a affecté tout ou partie de ses économies, il n'a pas non plus les compétences nécessaires pour en assurer lui-même la gestion au quotidien. Dès lors, le titulaire d'un compte doit manifester une confiance dans un système qu'il ne maîtrise pas. Ce type de confiance, inhérent aux systèmes experts, est caractéristique de la modernité avancée selon Giddens. Il s'agit d'une confiance d'une nouvelle nature. Elle n'est plus placée en une personne mais en un fonctionnement. Il s'agit d'un sentiment de fiabilité dans un système, d'une foi pragmatique dans des principes abstraits : la plupart des opérations, ici bancaires, se font à distance, sans surveillance directe, dans une certaine opacité. Cette confiance est étroitement liée à la notion de risque, car elle présuppose que l'utilisateur ait une conscience du risque : une crise économique peut potentiellement survenir, la banque peut faire l'objet d'une

1. Anthony Giddens, *Les conséquences de la modernité*, 2000, *op. cit.*

attaque numérique, sa carte bleue peut être piratée, etc. Le degré de risque encouru est intégré et assumé par le titulaire du compte en banque. La confiance qu'il éprouve envers sa banque est corrélée au sentiment de sécurité qu'elle lui procure, aux marques de fiabilité qu'elle lui manifeste.

L'alimentation constitue un système expert. En effet, les processus, les acteurs, les méthodes et techniques mises en œuvre de la production des aliments jusqu'à leur distribution finale dans un commerce nous sont largement inconnus. Le système alimentaire est encadré par une multiplicité de normes, fait l'objet de multiples interventions de scientifiques ou de techniciens.

Hugues Draelants souligne dans son article relatif à l'insécurité alimentaire que :

> Les rouages du système alimentaire sont vraisemblablement très imparfaitement connus et compris du grand public. Pourtant, par le simple fait de manger, nous nous inscrivons quotidiennement dans ce système expert, auquel on accorde en temps normal notre confiance[1].

Le succès que rencontre le véganisme aujourd'hui est, selon nous, l'expression d'une perte de confiance envers ce système expert. Cette défiance se traduit par une perception accrue des risques inhérents au système alimentaire : risque d'intoxication ou d'empoisonnement alimentaire (on l'a vu avec le retour des peurs alimentaires), risque de voir l'environnement se détériorer

1. Hugues Draelants, « L'insécurité alimentaire ou la modernité confrontée à elle-même », *Esprit critique*, vol. 4, n° 2, février 2002.

jusqu'à un point de non-retour sous l'effet de l'intensification de l'agriculture, risque de voir la situation des animaux au sein des élevages se dégrader au point de devenir insupportable. Cette perte de confiance génère une angoisse ou une anxiété, qui trouve une de ses expressions dans l'engagement végan[1].

Les acteurs du véganisme occupent en effet un double rôle dans le système alimentaire. D'une part, ils fournissent un cadre théorique de consommation, qui invite à se détourner des produits résultant de l'exploitation animale et à leur préférer les produits d'origine végétale, dont l'élaboration ne requiert ni intrant animal ni force de travail animale. Ce cadre théorique, ainsi qu'on l'a vu au cours des chapitres précédents, est habillé de considérations éthiques, environnementales et sanitaires. D'autre part, les acteurs du véganisme fournissent une certification sur la nature du produit présenté dans le commerce. S'il est estampillé d'un label végan, cela signifie que le produit est conforme à l'idéologie végane, que les différentes étapes de sa production obéissent à un certain nombre de critères techniques qui sont la traduction pratique de l'idéologie végane. D'un côté donc, les principaux acteurs du véganisme « fabriquent » le consommateur, en l'orientant vers un certain type de biens de consommation et en le sensibilisant à cette distinction entre produits licites et illicites. C'est le rôle des associations et des

1. La perte de confiance dans le système alimentaire peut également prendre des dimensions plus psychologiques et pathologiques, telles que l'anorexie.

collectifs qui ont une visée informative. De l'autre, des structures véganes viennent rassurer le consommateur. Elles lui offrent une garantie sur la conformité du produit, en assurant une compétence technique qu'il n'a pas, à savoir le contrôle de la production. C'est le rôle des organisations qui interviennent dans le champ économique. Les acteurs du véganisme agissent donc à la fois au niveau de la demande, qu'ils orientent, et de l'offre, qu'ils évaluent. Surtout, ils vendent de la confiance, en garantissant la conformité technique et idéologique de tel shampoing, de tel rouge à lèvres ou de tel fromage, et suscitent de la défiance envers d'autres produits, d'usage équivalent mais de fabrication différente.

Leur rôle consiste à la fois à déconstruire et à reconstruire le système expert dans lequel ils interviennent. Ils ébranlent la confiance spontanée du consommateur en ce système afin qu'il n'y adhère plus. Ils en soulignent les dysfonctionnements supposés au moyen d'une vidéo choc ou de discours scientifiques. En parallèle, forts de l'adhésion nouvelle qu'ils ont gagnée grâce à leurs révélations, ils reconstruisent un système expert « dérivé », et réorientent le consommateur désabusé vers une nouvelle catégorie de produits et de services.

Singulariser l'offre

Cette remise en question de notre système alimentaire n'est pas une stratégie qui se suffit à elle seule pour transformer la structure de marché : elle s'accompagne également de la création de nouveaux produits. À la différence du marché du bio, par exemple, ce ne sont pas seulement des modes de production qui évoluent et se réforment, mais de nouvelles méthodes de production et de nouveaux produits, jusqu'alors inexistants, qui apparaissent. Dans le cas d'un « fromage alternatif », à base de lait d'amande et de noix de cajou, les processus traditionnellement en vigueur dans la production d'un fromage « traditionnel » n'ont plus cours : l'écrémage du lait ou le caillage n'ont pas de sens et le résultat final n'a de fromage plus que le nom. Il en ressort un nouveau produit et de nouvelles techniques de fabrication alimentaires qui viennent s'ajouter au système alimentaire déjà existant.

La viande cellulaire s'inscrit pleinement dans cette dynamique de singularisation de l'offre. C'est un produit, ainsi que nous l'avons vu plus haut, qui se caractérise par tout ce qu'il n'est pas : ni source de souffrance animale ni facteur de réchauffement climatique. De façon plus commune, cette stratégie de différenciation de produits végans se manifeste dans le cadre de la production d'ersatz. Les rayons des supermarchés regorgent ainsi de saucisses végétales, de laits végétaux, de steaks de haricots, d'émincés de soja ou encore de nuggets à base d'oignons et de blé. Face à ces produits alternatifs, certains critiques dénoncent le manque d'imagination et d'inventivité des végans qui seraient contraints d'imiter les produits de la vie courante pour rassurer le consommateur. D'autres y voient la preuve qu'il est impossible de se passer de viande ou d'aliments d'origine animale, puisque les végans ont besoin de maquiller de la nourriture végétale en produits similicarnés.

Loin d'abonder ces remarques, nous nous contenterons de souligner qu'il s'agit d'abord d'une stratégie commerciale. Le décalage sémantique entre l'imaginaire collectif et la nature du produit attire l'attention du consommateur qui se plaira à jouer avec les normes. L'ouvrage de cuisine de Sébastien Kardinal, au titre pour le moins intrigant et paradoxal, *Ma petite boucherie vegan*, est construit autour de cet écart sémantique qu'il s'agit de résorber gustativement : « reproduire le goût et la texture de la viande avec des végétaux uniquement, pour une alternative plus saine et éthique, c'est le pari des auteurs[1] », promet la quatrième de couverture qui propose de créer des ersatz de merguez, de jambon blanc, de steak au poivre, de tartare ou d'escalopes à la moutarde. Ensuite, proposer des versions alternatives de produits courants permet d'insérer l'alimentation dans un réseau de valeurs familières. De ce point de vue, le détournement de produits carnés peut être vu comme une propédeutique à la consommation et une manière pour le mouvement végan de soutenir que ce régime peut apporter autant de protéines qu'un régime carné : à défaut de manger la même chose, ce sont des aliments de nature équivalente qui sont consommés. Surtout, cette référence à une culture alimentaire commune a un objectif pratique : elle permet de savoir où placer et où trouver le produit dans les rayonnages des magasins.

Plusieurs entreprises, au rayonnement international, se sont créées sur ce marché. La plus connue est sans doute Beyond Meat, qui estime le marché de la viande végétale à plus

1. Sébastien Kardinal, *Ma petite boucherie vegan*, Vanves, La Plage, 2016.

de 35 milliards de dollars à l'horizon 2030, rien qu'aux États-Unis, et dont les produits sont entrés dans les rayons des supermarchés français depuis février 2020. Depuis sa cotation en bourse en 2018, l'entreprise a vu son action augmenter de 400 % en moins de deux ans. Ces chiffres révèlent l'engouement partagé par les consommateurs et les investisseurs pour le Beyond Burger, cette simili-viande composée de soja, de protéines de pois, d'huile de coco et de jus de betterave pour la coloration. Surtout, ils illustrent le succès de la stratégie marketing consistant à faire passer des produits ultra-transformés, comme en témoigne la liste à rallonge d'ingrédients détaillant la composition de ces steaks végétaux, en produits plus sains que la viande « traditionnelle », qui ne subit qu'une éventuelle transformation mécanique sous l'effet du hachoir. En France, c'est l'entreprise, fondée en 2018, Les Nouveaux Fermiers (désormais renommée HappyVore), qui est la plus médiatique : elle propose de la viande végétale plus écologique que ses concurrents et surtout « 100 % made in France ». Le fondateur Guillaume Dubois explique ainsi que, « contrairement à nos concurrents, nous n'utilisons pas d'huile de coco riche en acides saturés mais de l'huile de tournesol, et nous sommes sans colorant artificiel. Surtout nous produisons en France[1] ». Sa première usine vient d'ouvrir sur le territoire national en 2020 et produit quotidiennement 6 tonnes de steaks, d'aiguillettes et

1. Olivia Détroyat, « Les Nouveaux Fermiers, des Français à l'assaut de la viande végétale », *Le Figaro*, 22 novembre 2020.

de nuggets, qui ont l'aspect, la texture et le goût de la viande de bœuf ou de poulet, mais sont en fait réalisés à partir de protéines de blé, de pois jaunes et de soja. Fin 2020, la start-up qui a bénéficié de financements de la Bpi distribue ses produits chez Auchan, Monoprix, Casino et Géant; elle est également présente dans deux cents restaurants ou chaînes de restaurants.

La consommation responsable, à rebours de certains discours, ne se traduit pas par une réduction de la sphère économique mais par son développement. Le véganisme est d'abord et avant tout une extension du marché, comme nombre de mouvements revendicatifs dont les modes de consommation alternative sont le principal véhicule. Les organisations économiques véganes, aux côtés des entrepreneurs du halal ou du sans gluten et autres promoteurs des particularités alimentaires, contribuent en effet à l'hypersegmentation du marché de l'alimentation. Conformément à leur modèle économique consistant à vendre des produits sur-mesure à une catégorie spécifique de consommateurs, leur stratégie marketing cherche à renforcer la dynamique de particularisation de la consommation et, à cette fin, vient soutenir les associations ou mouvements prônant une consommation alternative. Si toutes les alimentations particulières ne sont pas adossées à un projet idéologique, comme peuvent l'être les consommations véganes ou halal, toutes, en revanche, illustrent la fragmentation de notre société qu'a démontrée Jérôme Fourquet dans son ouvrage *L'archipel français*. C'est ainsi une boucle rétroactive qui se forme et une dynamique d'organisation nouvelle de la société qui se fait jour. Le marché, en légitimant les diverses croyances et en encourageant la logique d'individualisation de la consommation, contribue à *archipéliser* la société. Et, en retour, la fragmentation de la société produite par ces phénomènes de distinction constitue de nouvelles opportunités marketing à exploiter.

Le label, nouvel enjeu de pouvoir

Aussi, les labels sont-ils un véritable enjeu pour la communauté végane. Au niveau externe, ils contribuent à asseoir la visibilité du mouvement végan et surtout lui confèrent une certaine légitimité. Le label a un effet signal : il signifie que le produit a été conçu et fabriqué, contrôlé et évalué conformément à des normes spécifiques. C'est donc un produit qui a fait l'objet d'un plus grand investissement, d'une plus grande attention que son équivalent non homologué. Au niveau interne, les labels contribuent à codifier les normes et méthodes de production, et donc à rationaliser et à techniciser la pensée végane, c'est-à-dire à inscrire l'éthique dans un processus de marchandisation. Il y a donc une forme de concurrence entre les labels, qui ne vise pas seulement à capter la manne financière que représente le processus de labellisation, mais aussi à se retrouver en position dominante de façon à pouvoir imposer son cahier des charges et sa propre conception de ce que doit être un produit végan. Alors que la bataille pour faire triompher sa ligne politique dans un parti se faisait au cours de congrès de militants et à coup de coalitions entre différentes motions, désormais les enjeux de pouvoir se sont déplacés vers la sphère économique : imposer sa ligne idéologique, c'est imposer son label.

On recense ainsi dix-neuf agences officielles de labellisation véganes qui, pour la plupart, sont en concurrence les unes avec les autres[1]. Ainsi que l'expliquent les sites spécialisés et les associations de défense des consommateurs végans, toutes n'ont pas la même valeur. C'est-à-dire que toutes n'imposent pas le même cahier des charges. Ils distinguent notamment les labels *cruelty free* des labels végans. Les premiers, que l'on retrouve notamment sur les produits cosmétiques, garantissent que les produits n'ont pas été testés en laboratoire sur les animaux, mais ils ne sont pas nécessairement dépourvus d'intrants d'origine animale. À titre d'exemple, l'association One Voice dispose de son label, qui garantit que les produits et ingrédients n'ont pas été testés en laboratoire sur les animaux et qu'ils sont issus de l'agriculture biologique ; pour autant, l'utilisation d'intrants issus de l'apiculture est autorisée par le label, ce qui le rend a priori incompatible avec une consommation strictement végane. Cette disparité est le signe de vivacité de l'idéologie végane : celle-ci n'est pas figée, mais au contraire en pleine ébullition, en pleine construction. Les principales organisations véganes représentent autant de courants d'idées, autant de tendances.

1. « Labels : la certification VEGAN », *vegan-france.fr*, 2 mai 2020.

Imposer sa norme

Parmi ces entreprises de certification se trouve l'agence EVE, Expertise Végane Europe, adossé à l'association Vegan France Interpro. Selon son site, l'agence revendique plus de deux mille cinq cents produits certifiés, allant de l'alimentation aux cosmétiques, en passant par l'habillement, la maroquinerie ou même le vin. Le consommateur est placé au cœur de la démarche de certification, signifiant ainsi que le label a une dimension avant tout économique puisque destiné à dériver une partie du flux de consommation vers les produits estampillés.

> Nous voulons tous être libres de choisir les produits qui correspondent à nos valeurs. Les consommateurs ont le droit d'être informés de manière transparente sur la présence ou l'utilisation d'ingrédients d'origine animale dans un produit. Chez Expertise Végane Europe nous avons un rêve, celui de participer à construire une civilisation et un mode de consommation plus responsable vis-à-vis des animaux. Notre organisation et notre système de certification permet (sic) de résoudre le manque de transparence, d'information pour faire un choix en toute conscience[1].

Le label EVE définit plusieurs critères de certification. Premièrement, le produit fini ne doit pas contenir d'ingrédients d'origine animale, additifs et autres intrants compris. Deuxièmement, le produit fini ne doit pas être testé sur les animaux, de même que les ingrédients

1. URL : <https://www.certification-vegan.org/fr/certification-produit/>.

qui entrent dans sa composition. Troisièmement, le produit ne doit pas comporter de CMR, c'est-à-dire de substances cancérogènes, mutagènes et reprotoxiques (susceptibles d'altérer la fertilité du consommateur ou le développement de l'enfant). Et enfin, dernier critère, les conditions de production doivent avoir obtenu « une note supérieure au seuil minimum de certification ». C'est avec ce dernier point que se noue le tour de passe-passe qui est au cœur du marché de la croyance que construisent les organisations véganes : l'entreprise de labellisation s'autoqualifiant experte et définissant ses propres critères, sans qu'une évaluation extérieure de ces critères et de ses contrôles techniques puisse être menée, elle est seul juge pour sanctionner l'entreprise en l'autorisant ou non à utiliser son label.

Surtout, l'entreprise de certification EVE et Vegan France Interpro travaillent à mettre en place des normes au niveau européen, en se coordonnant avec leurs homologues européens. Une collaboration a ainsi été menée, sous le patronage du Safe Food Advocacy Europe, une ONG belge, avec l'Associazione Vegani Italiani Onlus (Italie), le Förderkreis Biozyklisch-Veganer Anbau (Allemagne), The Vegan Society (Royaume-Uni), VEGANOK (Italie) et Végétik (Belgique). Un document-cadre, « Le standard végane 2019[1] » en est ressorti, qui a été adressé aux membres de la Commission européenne, dans l'espoir de servir de base de travail à l'élaboration

1. « Le standard végane 2019. Quelles sont les règles considérées comme indispensables par les véganes pour l'étiquetage des aliments, des cosmétiques, des détergents en Europe ». Le document est consultable

d'un règlement européen encadrant la certification végane.

En l'absence d'un règlement national ou européen définissant la norme végane et encadrant les produits qui peuvent être déclarés végans, les principales organisations économiques véganes se coordonnent pour définir des critères standards. Cette concertation au niveau européen et cette adhésion à des règles communes sont à même de structurer le marché végan et de conforter les producteurs qui se lancent dans l'élaboration de produits végans, en leur garantissant une distribution sur le marché européen. Surtout, cela montre l'offensive menée par certaines organisations véganes pour s'assurer de la définition et du contrôle de la norme.

Cet engouement pour les labels traduit une forme de responsabilisation de l'économie. Les différentes étapes de production font l'objet d'un contrôle accru : la recherche d'un profit maximal n'est plus le but exclusif, elle est contrebalancée par la volonté de satisfaire un certain nombre de critères non marchands, qu'ils soient éthiques, environnementaux, sanitaires ou autres. Ce désir explique largement le succès de toutes les consommations alternatives, l'engouement pour le bio, les locavores (ceux qui consomment exclusivement des produits locaux), la consommation halal, le mouvement végan, etc. Ces consommations alternatives, malgré leurs orientations philosophiques différentes, voire

à l'adresse suivante : <https://www.certification-vegan.org/fr/wp-content/uploads/vegan-standard-french.pdf>.

contraires, partagent une caractéristique commune : elles constituent une forme de régulation du marché par lui-même et non par l'intervention d'un tiers comme l'État ou la Commission européenne. Elles sont l'expression d'une forme d'autonomisation du marché, d'une déprise de la sphère du politique sur la sphère économique. L'entrée dans la société de marché se traduit par un recul de l'État et de son pouvoir d'organisation : ces pratiques de régulation se situent au niveau infralégislatif et infraréglementaire. Désormais, le marché et les différents agents économiques qui y interviennent s'administrent eux-mêmes.

Néanmoins, s'il faut voir dans l'émergence des consommations alternatives une responsabilisation de l'économie, il faut également y lire une marchandisation de l'éthique. À double titre. Il s'agit en effet d'une extension du domaine du marché, d'une transformation de produits jusqu'alors non marchands, ici un discours éthique, en biens et services de consommation. Il s'agit également d'une traduction de règles éthiques qui ont une portée générale en règlements techniques et en processus de production qui font l'objet d'une évaluation particulière. Le développement de la consommation responsable va de pair avec la création de nouveaux marchés et de nouveaux modes de production. Ou mieux, la marchandisation de l'éthique est le signe d'une maturité de la société de marché : désormais nos manières d'être au monde sont des biens et des services commercialisables qui sont en concurrence les unes avec les autres.

Le monde économique face au véganisme

Ce développement de produits végans et de normes véganes ne se fait pas sans susciter de réactions. Face à ce mouvement sociétal et à cette pression nouvelle d'une partie des consommateurs, les acteurs économiques adoptent toute une palette d'attitudes qui vont de l'opposition la plus farouche à la collaboration la plus ouverte. Plus précisément, les réactions provoquées par l'émergence du véganisme et les possibilités d'extension du marché qu'il entraîne relèvent de trois registres distincts qui, loin d'être antinomiques, peuvent s'avérer complémentaires.

La démarche opportuniste

Nombreux sont les acteurs économiques qui sont l'objet d'attaques physiques ou réputationnelles très vives de la part des militants végans. Outre les pétitions généralistes en ligne dénonçant l'élevage animal ou l'utilisation d'animaux dans les cirques, les militants végans conduisent des campagnes ciblées, contre un industriel ou un groupe économique en particulier. C'est ainsi que l'entreprise Herta est le destinataire d'une pétition en ligne lui demandant de « bannir les pires pratiques concernant les élevages de cochons[1] ». De même, il est demandé à Domino's Pizza de cesser d'utiliser des poulets issus de l'élevage intensif : un e-mail prérempli et adressé directement à l'entreprise l'exhorte à respecter les critères du European Chicken Commitment et à

1. URL : <https://www.l214.com/enquetes/2020/elevage-herta/>.

mettre dans ses pizzas de la viande issue de poulets élevés en plein air[1]. Les entreprises de l'agroalimentaire ne sont pas les seules à faire l'objet de campagnes ciblées. Le groupe Eurotunnel a droit à sa pétition l'enjoignant à ne plus accepter de transporter d'oiseaux vivants destinés à être lâchés lors de parties de chasse. Ces pétitions se doublent généralement d'invitations à déposer des commentaires négatifs sur divers sites et à dégrader les évaluations numériques de produits réalisées par les consommateurs.

Face à ces campagnes de *naming and shaming* qui visent à dénoncer nommément des entreprises qui n'adoptent pas un comportement vertueux, nombreux sont les acteurs économiques qui cherchent à se prémunir contre ces attaques. Ils font pour cela appel à des cabinets de conseil spécialisés dans la communication et la gestion de crise qui élaborent avec eux une stratégie de communication et des éléments de langage pour déminer une situation qui fait l'objet des critiques des végans. Les principales marques de cosmétique, par exemple, travaillent en étroite collaboration avec des consultants qui réalisent un important travail de veille sur les réseaux sociaux, analysant et anticipant les réactions suscitées par le lancement d'un nouveau produit ou d'une nouvelle publicité. L'objectif est de déminer toute polémique naissante, avant qu'elle ne devienne virale et dépasse l'étroit cercle de la communauté végane.

Autre stratégie visant à éviter de réveiller les critiques des militants végans : développer sa propre gamme de produits végans. Ils sont

1. « Enfermés à vie pour Domino's pizza », *l214.com*.

nombreux à se lancer dans cette voie. C'est le cas de Nike, qui propose une douzaine de baskets véganes, sans cuir animal. C'est aussi le cas de l'industriel de la viande Herta et sa gamme Le bon végétal composée de steak à base de soja et de blé, de galettes de légumes, d'effilochés à base de soja, etc. Ici, l'entreprise s'adapte à l'évolution du marché en intégrant les critiques dont elle est l'objet dans son offre de produits. Les effets négatifs générés par la recomposition de la demande et l'apparition d'une nouvelle catégorie de consommateurs sont absorbés positivement par la création d'une nouvelle gamme de produits, par une extension de l'entreprise qui, en plus d'aliments à base de protéines animales, fabrique et commercialise des aliments à base de protéines végétales.

L'activisme physique et surtout numérique des végans devient un instrument nouveau de marketing. Les grands groupes industriels, en créant des produits végans, légitiment une partie de leurs revendications militantes et surtout ouvrent un nouveau marché. Industriels et végans, malgré eux, se donnent la main et s'investissent dans une stratégie commune : les premiers développent une offre adaptée à chaque segment de clientèle quand les seconds consolident la communauté végane. Le mouvement végan connaît un tel succès d'audience et suscite une telle résonnance dans notre société parce qu'une partie du monde économique mesure désormais les bénéfices futurs qu'il pourra tirer de cette communauté de consommateurs engagés.

La démarche protectionniste

À l'opposé de cette attitude opportuniste qui voit dans ces nouvelles dynamiques sociétales de nouvelles sources de croissance, de nombreux acteurs mettent en œuvre une stratégie qui s'apparente à une forme de protectionnisme. Elles s'appuient sur le droit pour bloquer la prolifération des produits végans. Ces derniers mois ont ainsi donné lieu à une bataille juridique féroce autour de la dénomination de certains produits.

Les professionnels de la viande et de l'élevage ont en effet mené une importante contre-attaque en tentant de limiter l'entrée du marché de la viande et des produits laitiers aux seuls produits d'origine animale. C'est une bataille juridique et législative de longue haleine qui s'est engagée. Une première étape de ce conflit s'est déroulée dans le prétoire de la Cour de justice de l'Union européenne en 2017 et a donné raison aux professionnels des produits laitiers. Dans son arrêt Tofutown[1], la Cour estime que les termes « lait », « crème », « beurre », « fromage » et « yoghourt » ne peuvent plus être attribués à des produits d'origine végétale. Elle ajoute que cette interdiction s'applique « même si ces dénominations sont complétées par des mentions explicatives ou descriptives indiquant l'origine végétale du produit en cause » (par exemple, lait de soja), sauf à figurer sur une liste d'exceptions dressée par la Commission (sur laquelle figurent notamment les dénominations « lait d'amande » et « lait de

1. Arrêt de la Cour de justice de l'Union européenne du 14 juin 2017 contre Tofutown.

coco »). Cette décision a été prise en s'appuyant sur l'exigence de protection du consommateur. La Cour a cherché à garantir une information la plus claire possible et à éviter les dénominations trompeuses, susceptibles d'induire en erreur. Plus récemment, le Parlement européen a entériné la décision de la Cour de justice de l'Union européenne, le 23 octobre 2020, en reprenant ses principales conclusions et précisant que l'interdiction s'étendait à « toute usurpation, imitation ou évocation, même si la composition ou la nature véritable du produit ou du service est indiquée ou accompagnée d'une expression telle que "genre", "type", "méthode", "façon", "imitation", "goût", "substitut", "manière" ou d'une expression similaire ».

Si la bataille pour réserver la dénomination de « viande » aux seuls produits carnés n'a pas eu une issue similaire à celle des produits laitiers au niveau européen[1], elle a connu une avancée notable au niveau français. Le 27 mai 2020, les députés ont adopté la loi relative à la transparence de l'information sur les produits alimentaires dont l'article 5 met un terme à l'usage de la dénomination « viande » pour les aliments à base de protéines végétales et oblige les industriels de la simili-viande à abandonner à terme les appellations de steak, saucisse, escalope ou burger pour leurs produits.

1. Le 23 octobre 2020, un second amendement fut examiné et rejeté, qui visait à interdire les dénominations « saucisses », « hamburger », « steaks », « filets » ou « escalope » pour des produits composés de protéines végétales.

Au regard de cette décision prise par les parlementaires français, peut-on dire qu'une opposition politique à l'offensive végane commence à se mettre en place ? Rien n'est moins sûr. Car ces mesures sont moins le fruit d'un combat idéologique visant à démonter les arguments avancés par les uns ou les autres, que l'issue d'un affrontement économique cherchant à protéger et à délimiter des marchés. Ces dispositions, même si elles servent les intérêts des défenseurs de la cause omnivore, n'ont pas pour objet de protéger un patrimoine gastronomique ou un savoir-faire dix fois millénaire face aux coups de boutoir de l'idéologie végane, mais de défendre l'intérêt du consommateur et des industries de l'agroalimentaire. Surtout, le décret d'application n'est toujours pas paru, dix-huit mois après l'adoption de la loi. Ce retard signifie la faible mobilisation des pouvoirs publics qui n'ont pas pris la mesure des transformations en cours. Loin d'être anecdotiques, ces premières offensives menées par les industriels de la viande sont les prémisses d'un affrontement de plus grande ampleur qui débordera largement le cadre économique. Ce conflit est amené à se poursuivre et à s'intensifier dans les années à venir avec le début de la commercialisation de masse de la viande cellulaire. La bataille qui se nouera autour de la légitimité de la dénomination « viande » aura cette fois des fondements civilisationnels : elle engagera bien plus que des questions d'étiquetage puisqu'elle interrogera le sens même de l'élevage.

La démarche conciliatrice

Cette troisième posture face au véganisme constitue moins une démarche intermédiaire qui conjuguerait des réactions opportunistes avec des attitudes protectionnistes qu'une démarche à part entière. L'attitude conciliatrice consiste à prendre acte des tendances sociétales profondes pour en faire un levier de progrès et de transformation interne. Il ne s'agit pas d'investir les nouveaux marchés ouverts par l'émergence du véganisme ni de verrouiller ceux existants, mais plutôt de profiter des évolutions de la société pour engager une entreprise de rénovation du marché sur lequel on intervient. Les acteurs économiques engagés dans une démarche conciliatrice cherchent à puiser dans le courant végan, et plus largement dans les nouvelles exigences des consommateurs qui l'accompagnent, des ressources pour se relégitimer.

C'est le cas notamment du travail mené ces dernières années par Interbev, l'interprofession du bétail et de la viande. À l'aube des années 2010, l'ensemble de la filière souffrait d'un important déficit d'image : elle avait en effet été durement éprouvée par les crises de la vache folle, ainsi que par les premières attaques portées contre l'élevage et les industries de la viande, notamment sur leur bilan carbone ; elle devait faire face à la progression régulière des interrogations et des inquiétudes des consommateurs en matière de protection de l'environnement et de bien-être animal. À partir de l'année 2017, la filière a commencé à poser les bases de sa responsabilité sociétale. Elle a notamment entamé une série de concertations avec les ONG engagées en faveur de la protection environnementale et de la protection animale, ainsi qu'avec des experts issus de la société civile. Cette posture de dialogue, d'échange et d'ouverture a ainsi permis à la filière d'identifier des marges de progression et des perspectives de collaboration sur le long terme avec les parties prenantes. Ce travail, ici résumé à grands traits, a débouché sur l'élaboration d'un Pacte sociétal, sorte de contrat moral passé entre Interbev et ses parties prenantes : la filière prend vis-à-vis de la société une série d'engagements afin de répondre aux problématiques relatives à la protection de l'environnement, au bien-être animal, à la santé publique, etc.

S'il s'est accompagné d'une campagne de communication dédiée, ce pacte sociétal ne saurait être réduit à un outil de communication. Il s'agit d'un important travail engagé par l'ensemble de la filière afin de transformer ses pratiques de façon durable et responsable. Ainsi que le souligne Bruno Dufayet, éleveur et président de la commission Enjeux sociétaux d'Interbev :

> Notre pacte sociétal, c'est proposer aux consommateurs une viande qui offre bien plus que des protéines. D'autres nutriments importants évidemment, du plaisir gustatif et de la convivialité bien-sûr, mais aussi des territoires vivants, des paysages, des prairies verdoyantes, des garanties en matière de protection des animaux et de réduction de l'impact environnemental.

Il s'agit d'une démarche structurante qui a pour but de faire évoluer les pratiques de tous les acteurs de la filière, qu'ils interviennent en amont de la chaîne de production comme c'est le cas pour les éleveurs, ou en aval, à l'instar des abattoirs. La filière ne met pas seulement en avant les pratiques vertueuses déjà existantes et souvent ignorées du grand public, mais s'engage dans une amélioration continue de ses pratiques : avec l'adoption d'un pacte de responsabilité sociétale, c'est une culture de l'évaluation qui est instillée chez les acteurs de la filière, afin de mesurer le degré de réalisation des différents engagements qu'ils portent. C'est ainsi qu'en 2020 est paru un premier rapport faisant état de l'avancement des engagements pris par la filière et dressant un premier bilan des résultats.

En 2021, cet engagement sociétal a donné lieu à une vaste campagne de communication organisée autour de la notion du flexitarisme. « Aimez la viande, mangez-en mieux » : l'ensemble des acteurs de la filière, de façon a priori surprenante mais cohérente avec le travail engagé au cours des dernières années, invite le consommateur à réduire sa consommation de viande au point de ne pas en consommer à chaque repas. Quel sens donner à cette campagne et comment comprendre cette promotion du flexitarisme ? Les végans ont-ils gagné une première bataille idéologique en imposant ce terme dans le débat public au point qu'il soit repris par la filière viande ? Faut-il voir dans cette victoire sémantique un point de rupture marquant un début d'abandon du terme « omnivore » ? Assurément. La démarche engagée par Interbev donne du crédit aux discours du mouvement végan, puisque la filière reconnaît que l'élevage, l'abattage ou même la consommation de viande posent des questions de société auxquelles elle tente d'apporter une réponse constructive. Mais si on y regarde plus finement, il y a derrière ce discours une stratégie mise en place par la filière pour assurer la promotion de la production française. « Aimez la viande, mangez-en mieux », ou dit autrement : consommez français. La déconsommation globale de viande au niveau de la société devient ici une opportunité pour revaloriser la consommation de viande française. La défense de la souveraineté agricole et alimentaire française emprunte des détours inattendus.

Le projet mené par Interbev ne s'apparente donc pas à une démarche de protection, comme on a pu le voir plus haut, mais de projection. La filière prend acte du fait que la consommation de viande est entrée dans un nouveau paradigme. Elle fait le constat que les nouveaux modes de consommation basés sur des stratégies d'évitement de la viande sont amenés à durer et qu'ils n'ont rien d'un effet de mode. Elle prend la mesure de la dimension structurelle (et structurante) du véganisme et cherche donc à s'adapter à ce nouveau contexte et à tirer le meilleur parti des recompositions de son écosystème. Plutôt que de vouloir lutter contre la fragmentation du marché, elle s'appuie sur cette tendance de fond pour consolider ses parts de marchés et reposer les bases de sa relation au consommateur. Le mouvement végan et ses satellites apparaissent comme un moteur de transformation directe ou indirecte du marché, obligeant les acteurs économiques à faire évoluer leurs méthodes de production et à adopter un nouveau positionnement au sein de la société. Se dessine ainsi une progressive recomposition, à la fois économique et politique : à l'imitation de ces consommateurs engagés qui souhaitent changer la société, éleveurs et industriels de la viande deviennent à leur tour des producteurs engagés.

*

Le marché devient un « espace d'action », un nouveau terrain de lutte, un nouvel enjeu de pouvoir complémentaire et concurrent de la sphère institutionnelle et politique. La figure du consommateur engagé, dont le véganisme est un des visages, marque l'entrée dans un nouveau cycle social. Si jusqu'alors ce sont les institutions politiques qui étaient l'intermédiaire entre une communauté et une idée dont la mise en œuvre les légitimait, désormais ce rôle est porté par les acteurs économiques. Il est emblématique de l'époque et caractéristique de ces mutations profondes que désormais les entreprises s'investissent dans des missions qui sont habituellement dévolues au politique : les débats autour de la responsabilité sociétale des entreprises en matière environnementale ou de promotion de la diversité, par exemple, montrent la volonté des acteurs économiques de transformer la société, en agissant directement sur les processus et les conditions de production. Le rôle traditionnellement dévolu à l'homme politique est peu à peu endossé par l'entrepreneur engagé.

Conclusion
L'avenir d'une illusion

Dans son ouvrage *Le passé d'une illusion*[1], François Furet retrace le parcours imaginaire de l'idée communiste plus qu'il ne dresse l'histoire événementielle de l'expérience socialiste. La promesse socialiste « a son socle dans l'imagination politique de l'homme moderne », note-t-il, et il en trace les contours, les détours et les retours tout au long du « court XXe siècle », de la Première Guerre mondiale à l'effondrement de l'empire soviétique. C'est une démarche similaire, et beaucoup plus modeste, que nous avons entreprise ici. Nous sommes convaincus que l'idée végane au XXIe siècle aura une puissance similaire à celle de l'idée communiste au cours du siècle dernier: elle sera un pôle d'attraction idéologique autour duquel des mouvements politiques existants et à venir s'organiseront et se définiront. Les uns se poseront en fervents défenseurs de la promesse végane; les autres, au contraire, bâtiront leur projet dans la plus totale opposition; certains enfin, à l'instar des partis

1. François Furet, *Le passé d'une illusion; essai sur l'idée du communisme au XXe siècle*, Paris, Robert Laffont/Calmann-Lévy, 1995.

sociaux-démocrates face à l'idéologie communiste, tenteront de s'en inspirer tout en se gardant de ses excès.

Si la mythologie végane est toujours en cours de construction, déjà ses principaux éléments sont en place. Elle puise sa matrice dans l'idée démocratique, se nourrit de cette passion pour l'égalité de conditions qui caractérise l'état d'esprit démocratique conjuguée à la liberté d'entreprendre. Fille du libéralisme, l'idéologie végane prend acte du fait qu'il n'y a et n'y aura pas d'autre alternative à ce modèle de société. Pour autant, elle est marquée par le « traumatisme » qui travaille les sociétés libérales depuis l'effondrement du bloc soviétique. La disparition de ce contre-modèle qui servait tout autant d'aiguillon que de garde-fou, qui était un des moteurs d'approfondissement du projet libéral, a laissé l'idée libérale orpheline : elle avait triomphé de son combat, l'histoire s'achevait alors qu'elle ne souffrait plus de la moindre contestation. L'idée végane vient revivifier le projet démocratique, lui ouvrir de nouvelles perspectives, au-delà de l'humain. Elle instaure une nouvelle dynamique, entre l'individuel et le collectif, entre le local et le global, redéfinissant ainsi le sens de la contribution que chacun apporte au service de l'intérêt général. Elle pose également sur des bases nouvelles le problème environnemental en lui apportant deux solutions de nature différente : la première, physiologique, en s'extrayant de notre nature et abandonnant toute consommation de produits d'origine animale ; la seconde, technologique, en s'extrayant de la nature et autonomisant notre consommation de produits d'origine animale.

Surtout, le véganisme inaugure une nouvelle page du répertoire de la démocratie, une page qui ne s'écrit pas au sein des institutions politiques, mais dans la sphère économique. C'est sans doute l'évolution la plus profonde par rapport aux idéologies du siècle dernier, et la conséquence directe de l'épuisement de l'idée révolutionnaire. Alors que l'idée socialiste ou l'idée libérale étaient par nature politiques, le véganisme est d'abord un mouvement économique, qui cherche à transformer la société par le marché plus que par la politique. L'idée végane illustre les mutations que connaît notre société depuis l'effondrement du bloc soviétique : la figure du citoyen cède la place à celle du consommateur, celle de l'homme politique providentiel à l'entrepreneur de génie. C'est une redéfinition de la notion d'engagement, qui se traduit par une moindre participation dans les urnes, mais un plus grand investissement dans les choix de consommation.

En cela, le véganisme est pleinement une idéologie du XXIe siècle puisqu'il se greffe sur ses principaux mythes. Le résumer uniquement au refus de consommer des produits d'origine animale est trop réducteur. Mouvement dont le terrain d'expression est la société de consommation, il consacre la figure de l'individu qui a atteint un tel degré d'autonomie qu'il a la capacité de se fixer son propre régime et de définir sa manière d'être au monde, et surtout se croit en mesure de déterminer les circonstances de son évolution. Le véganisme puise également sa dynamique dans la révolution numérique qui a saisi nos sociétés, permettant à la fois la cristallisation de l'idée végane, sa réalisation et sa diffusion à l'échelle de l'Occident. C'est également un mouvement de l'âge technologique qui se nourrit de l'idée que seule la technologie (ou sa négation complète) nous permettra de surmonter les obstacles auxquels notre civilisation doit faire face.

Le véganisme est porteur d'un nouvel imaginaire collectif qui séduit largement et est appelé à avoir une ampleur plus grande. Des chercheurs américains du Rensselaer Polytechnic Institute ont déterminé à 10 % de la population le seuil au-delà duquel une croyance minoritaire est susceptible de devenir majoritaire dans la société[1]. Si elle demeure encore marginale en tant qu'opinion politique, la pensée végane a de puissantes ramifications dans notre imaginaire contemporain, préoccupé par la cause animale, animé par la peur du grand réchauffement et inquiété par sa santé. C'est une idée en puissance qui n'attend plus que d'écrire son histoire politique et événementielle. C'est une illusion pleine d'avenir.

1. Jianping Xie, Sameet Sreenivasan, Gyprgy Korniss, et al., « Social consensus through the influence of committed minorities », *Physical Review E*, 84, 011130, 22 juillet 2011.

Bibliographie et références citées

AGULHON, Maurice. « Le sang des bêtes; le problème de la protection des animaux en France au XIXe siècle ». In *Romantisme*, n° 31, 1981, p. 81-110.

ANSES. « Actualisation des repères du PNNS: révision des repères de consommations alimentaires ». Avis de l'Anses – Rapport d'expertise collective, novembre 2016.

« À propos de nous ». *Improved-food.com.*

ARENDT, Hannah. *Le système totalitaire; les origines du totalitarisme.* Paris: Seuil, 2005.

ARON, Raymond. *L'opium des intellectuels.* Paris: Fayard, 2010.

ASCHER, François. *Le mangeur hypermoderne; une figure de l'individu éclectique.* Paris: Odile Jacob, 2005.

AT KEARNEY. « How will cultured meat and meat alternatives disrupt the agricultural and food industry? ». 2019.

AUZIAS, Dominique, LABOURDETTE, Jean-Paul. *Guide du végan en France 2018.* Paris: Petit Futé, 2017.

BAECHLER, Jean. *Qu'est-ce que l'idéologie?.* Paris: Gallimard, 1976.

BALDIN, Damien. « De l'horreur du sang à l'insoutenable souffrance animale; élaboration sociale des régimes de sensibilité à la mise à mort des animaux (19e-20e siècles) ». In *Vingtième siècle. Revue d'histoire*, n° 123, 2014/3, p. 52-68.

Barthes, Roland. *Mythologies*. Paris : Seuil, 2014.

Bartholeyns, Gil. *Deux kilos deux*. Paris : JC Lattès, 2019.

Baudrillard, Jean. *La société de consommation*. Paris : Gallimard, 1996.

Bentham, Jeremy. *Introduction aux principes de morale et de législation*. Paris : Vrin, 2011.

Bergeaud-Blackler, Florence. *Le marché halal ou l'invention d'une tradition*. Paris : Seuil, 2017.

Berliner, David. *Perdre sa culture*. Bruxelles : Zones sensibles, 2018.

Birnbaum, Pierre. *La République et le cochon*. Paris : Seuil, 2013.

Bonnardel, Yves, Lepeltier, Thomas, Sigler, Pierre (dir.). *La révolution antispéciste*. Paris : Presses Universitaires de France, 2018.

Bouanchaud, Cécile. « La consommation de viande en France recule depuis 10 ans ». *Le Monde*, 6 septembre 2018.

Bouazzouni, Nora. *Steaksisme ; en finir avec le mythe de la végé et du viandard*. Paris : Nouriturfu, 2021.

Bouquet Vautor, Loreleï. « Chia ? La petite graine aux 1000 vertus ». *Aconsommerdepreference.lexpress.fr*, 28 novembre 2017.

Bourgatte, Michaël. *Voir le sang des bêtes ? Des images contre l'industrie de l'élevage et de l'abattage*. Paris : MkF, 2020.

Bousquet, Charlotte. *Veggie tendance vegan*. Paris : Rageot, 2019.

Bouvet, Laurent. « Comprendre l'idéologie ». *Iphilo.fr*, 16 septembre 2017.

Braunstein, Jean-François. *La philosophie devenue folle ; le genre, l'animal, la mort*. Paris : Grasset, 2018.

Brunel, Camille. *Après nous, les* animaux. Paris : Casterman, 2020.

Brunel, Camille. *La guérilla des animaux*. Paris : Alma, 2018.

Burgat, Florence. *L'humanité carnivore*. Paris: Seuil, 2017.

Burgat, Florence. *La cause des animaux*. Paris: Buchet-Chastel, 2015.

Campbell, Thomas Colin, Campbell, Thomas M. *L'enquête Campbell*. Paris: J'ai Lu, 2014.

Caron, Aymeric. *Antispéciste; réconcilier l'humain, l'animal, la nature*. Paris: Seuil, 2017.

Caron, Aymeric. *No steak*; *la prochaine phase de notre évolution*. Paris: J'ai Lu, 2014.

Caron, Aymeric. *Vivant; de la bactérie à l'Homo ethicus*. Paris: J'ai Lu, 2019.

Cassely, Jean-Laurent. *No fake*. Paris: Arkhê, 2019.

Celka, Marianne. *Vegan order; des éco-warriors au business de la radicalité*. Paris: Arkhê, 2018.

Chauvet, David, Lepeltier, Thomas (dir.). *Plaidoyer pour une viande sans animal*. Paris: Presses Universitaires de France, 2021.

CHD Expert. « La tendance vegan » (étude), septembre 2016.

Chemin, Anne. « La viande rouge a mangé son pain blanc ». *Le Monde*, 4 novembre 2015.

Clément, Hugo. *Comment j'ai arrêté de manger les animaux*. Paris : Seuil, 2019.

Cohen, Lizabeth. *A consumer's republic; the politics of mass consumption in postwar America*. New York: Alfred A. Knopf, 2003.

Conan, Catherine. « Graines de chia: bienfaits, coupe-faim, comment les utiliser? ». *Sante. journaldesfemmes.fr*, 27 mai 2021.

Dagorn, Gary. « Pourquoi la viande est-elle si nocive pour la planète? ». *Le Monde*, 11 décembre 2018.

Darwin, Charles. *La filiation de l'homme et la sélection liée au sexe.* Paris : Honoré Champion, 2013.

Del Amo, Jean-Baptiste. *Comme toi.* Paris : Gallimard Jeunesse, 2017.

Del Amo, Jean-Baptiste. *L214; une voix pour les animaux.* Paris : Arthaud, 2017.

Del Amo, Jean-Baptiste. *Règne animal.* Paris : Gallimard, 2016.

Demeillers, Timothée. *Jusqu'à la bête.* Paris : Asphalte, 2017.

Denhez, Frédéric. *La cause végane, un nouvel intégrisme ?*. Paris : Buchet-Chastel, 2019.

Derrida, Jacques. *L'animal que donc je suis.* Paris : Galilée, 2006.

Détroyat, Olivia. « Les Nouveaux Fermiers, des Français à l'assaut de la viande végétale ». *Le Figaro*, 22 novembre 2020.

Digard, Jean-Pierre. *L'animalisme est un anti-humanisme.* Paris : CNRS, 2018.

Digard, Jean-Pierre. « Raisons et déraisons. Des revendications animalitaires; essai de lecture anthropologique et politique ». In *Pouvoirs*, n° 131, 2009/4, p. 97-111.

Draelants, Hugues. « L'insécurité alimentaire confrontée à elle-même ». *Esprit critique*, vol. 4, n° 2, février 2002.

Dubreuil, Catherine-Marie. *Libération animale et végétarisation du monde; ethnologie de l'antispécisme français.* Aubervilliers : Comité des travaux historiques et scientifiques, 2013.

Dubuisson-Quellier, Sophie, Kabouche, Noé. « Collaborer avec le marché; Les stratégies des associations végétariennes en France ». In *Revue française de sociologie*, vol. 61, 2020/4.

Dubuisson-Quellier, Sophie. *La consommation engagée*. Paris : Presses de Sciences Po, 2009.
« En bref ». *L214.com*.
« Enfermés à vie pour Domino's pizza ». *L214.com*.
Estel, Manuela. « Être vegan : les avantages sur ma santé ! ». *Cosmopolitan.fr*.
Ferry, Luc. « Des "droits de l'homme" pour les grands singes ? Non, mais des devoirs envers eux, sans nul doute ». In *Le Débat*, vol. 108, no. 1, 2000, pp. 163-167.
Ferry, Luc. *Le nouvel ordre écologique ; l'arbre, l'animal et l'homme*. Paris : Grasset, 1992.
Finkielkraut, Alain (dir.). *Des animaux et des hommes*. Paris : Stock, 2018.
Fischler, Claude (dir.). *Les alimentations particulières ; mangerons-nous encore ensemble demain ?*. Paris : Odile Jacob, 2013.
Fischler, Claude. *L'homnivore*. Paris : Odile Jacob, 2001.
Fontenay, Élisabeth de. *Le silence des bêtes ; la philosophie à l'épreuve de l'animalité*. Paris : Fayard, 1998.
Foucart, Stéphane. « Comment le végétarisme s'installe dans la culture populaire ». *Le Monde*, 27 janvier 2018.
Fougier, Eddy. *La contestation animaliste radicale*, note pour la Fondation pour l'innovation politique, janvier 2019.
Fourquet, Jérôme. *L'archipel français ; naissance d'une nation multiple et divisée*. Paris : Seuil, 2019.
FranceAgriMer. « Combien de végétariens en Europe ? ». Synthèse des résultats à partir de l'étude « Panorama de la consommation végétarienne en Europe », réalisée par le CRÉDOC pour FranceAgriMer et l'OCHA en 2018.

FranceAgriMer. « Végétariens et flexitariens en France en 2020 ». Enquête IFOP pour FranceAgriMer, 20 mai 2021.

Francione, Gary. *Animals, property, and the law.* Philadelphie : Temple University Press, 1995.

Francione, Gary, Charlton, Anna. *Petit traité de véganisme.* Lausanne : L'Âge d'homme, 2015.

Francione, Gary. *Introduction aux droits des animaux ; votre enfant ou le chien ?.* Lausanne : L'Âge d'homme, 2015.

Franrenet, Sandra. « Les végans à l'assaut de YouTube ». *Le Monde*, 22 septembre 2017.

Furet, François. *Le passé d'une illusion ; essai sur l'idée du communisme au xxe siècle.* Paris : Robert Laffont/Calmann-Lévy, 1995.

Garcia, Tristan. *Âmes.* Paris : Gallimard, 2019.

Garcia, Tristan. *Mémoires de la Jungle.* Paris : Gallimard, 2010.

Gardair, Emmanuèle, Roussiau, Nicolas. *La superstition aujourd'hui.* Louvain : De Boeck Supérieur, 2014.

Gauchet, Marcel. *La religion dans la démocratie.* Paris : Gallimard, 1998.

Geffroy, Stéphane. *À l'abattoir.* Paris : Seuil, 2016.

Gérard, Mathilde. « La viande cellulaire va-t-elle révolutionner nos assiettes ? ». *Le Monde*, 22 mars 2019.

Gérard, Mathilde. « Quels sont les régimes alimentaires avec le plus faible impact climatique ? ». *Le Monde*, 17 septembre 2019.

Giddens, Anthony. *La transformation de l'intimité.* Paris : Fayard, 2006.

Giddens, Anthony. *Les conséquences de la modernité.* Paris : L'Harmattan, 2000.

GIEC. *Changement climatique et terres émergées ; rapport spécial du GIEC sur le changement clima-*

tique, la désertification, la dégradation des sols, la gestion durable des terres, la sécurité alimentaire et les flux de gaz à effet de serre dans les écosystèmes terrestres. 2019.

Giesbert, Franz-Olivier. *L'animal est une personne; pour nos sœurs et frères les bêtes*. Paris: Fayard, 2014.

Giroux, Valéry, *L'antispécisme*. Paris: Presses Universitaires de France, 2020.

Giroux, Valéry, Larue, Renan. *Le véganisme*. Paris: Presses Universitaires de France, 2017.

Greenberg, Eric, Weber, Karl. *Generation We*. Emeryville: Pachatusan, 2008.

Guilcher, Geoffrey le. *Steak machine*. Paris: Goutte d'Or, 2017.

Heilbrunn, Benoît. *L'obsession du bien-être*. Paris: Robert Laffont, 2019.

Henrot, Errol. *Les liens du sang*. Paris : Le Dilettante, 2017.

IFOP, « Baromètre d'image des agriculteurs – Vague 18 », février 2018.

Israel, Dan. « Burn-out, "harcèlement"... : d'anciens salariés de L214 dévoilent l'envers du succès ». *Mediapart*, 20 mai 2021.

Jeangène Vilmer, Jean-Baptiste. *L'éthique animale*. Paris: Presses Universitaires de France, 2011.

Joy, Melanie. *Introduction au carnisme; pourquoi aimer les chiens, manger les cochons et se vêtir de vaches*. Paris: L'Âge d'homme, 2016.

Kahors, Louise. *Le livre noir du véganisme; peut-on être absolument éthique ?*. Paris: Kiwi, 2019.

Kardinal, Sébastien. *Ma petite boucherie vegan*. Vanves, La Plage, 2016.

Kymlicka, Will, Donaldson, Sue. *Zoopolis; une théorie politique des droits des animaux*. Paris: Alma, 2016 [2011].

« L'association 269 Life France Officiel ». *269lifre-france.com.*
« Labels : la certification VEGAN », *veganfrance.fr*, 2 mai 2020.
Laïdi, Zaki. « La société de marché en quatre règles ». *Libération*, 16 juin 2000.
Larue, Renan (dir.). *La pensée végane; 50 regards sur la condition animale.* Paris : Presse Universitaire de France, 2020.
Larue, Renan. *Le végétarisme et ses ennemis ; vingt-cinq siècles de débat.* Paris : Presses Universitaires de France, 2015.
« La vision », *one-voice.fr.*
Lecerf, Jean-Michel. *La viande ; un peu, beaucoup, passionnément ou pas du tout ?.* Paris : Buchet-Chastel, 2016.
Lefort, Claude. « L'ère de l'idéologie ». *Encyclopédie Universalis, Symposium – Les enjeux*, tome 2, 1994.
« Le végétarisme & le végétalisme… c'est bon pour la santé ! ». *Veganisme.fr.*
« Les valeurs de la REV ». *Rev-parti.fr.*
Liao, S. Matthew, Sandberg, Anders, Roache, Rebecca. « Human engineering and climate change ». In *Ethics, Policy & Environment*, vol. 15, 2012.
Lieb, Amélie « Comment cuisiner healthy ? ». *Fourchette-et-bikini.fr*, 24 juillet 2015.
Loyer, Jessica, Knight, Christine. « Selling the "Inca superfood" : nutritional primitivism in superfoods books and maca marketing ». In *Food, Culture & Society*, vol. 21, 13 août 2018.
Loyer, Jessica. « Smoothies as talismans : the allure of superfoods and the dangers of nutritional primitivism ». *The Conversation*, 21 juillet 2016.
Luneau, Gilles. *Steak barbare; hold-up végan sur l'assiette.* La Tour-d'Aigues : l'Aube, 2020.

LYNCH, John, PIERREHUMBERT, Raymond. « Climate impacts of cultured meat and beef cattle ». In *Frontiers in Sustainable Food Systems*, 19 février 2019.

MARIE J. « 7 avantages fantastiques d'un régime végan pour la santé ». *Petafrance.com*, 7 novembre 2019.

MARTIN, Solange, PAUTARD, Éric. « La prise en considération de l'environnement par les Français : regards rétrospectifs ». In *Théma, Modes de vie et pratiques environnementales des Français*, Commissariat général du développement durable, avril 2018.

MESSAGE, Vincent. *Défaite des maîtres et possesseurs.* Paris : Seuil, 2016.

MONOD, Théodore. « L'histoire de One Voice ». *One-voice.fr.*

MOUCHON, Frédéric. « Référendum sur le droit des animaux : les Français y sont très largement favorables ». *Le Parisien*, 28 juillet 2020.

MOURLEVAT, Jean-Claude. *Jefferson.* Paris : Gallimard Jeunesse, 2018.

MUSSO, Pierre. *Le temps de l'État-Entreprise ; Berlusconi, Trump, Macron.* Paris : Fayard, 2019.

NAIL, Guillaume. *Le cri du homard.* Paris : Glénat Jeunesse, 2020.

NICOLAS, Ariane. *L'imposture antispéciste.* Paris : Desclée de Brouwer, 2020.

« Notre mission ». *Vegan-france.fr.*

OLIVENNES, Simon. « Les quatre grandes angoisses qui dessinent l'horizon politique de notre temps ». *FigaroVox*, 3 septembre 2019.

OTT, Christine. *Manger, c'est culturel.* Paris : Humensciences, 2020.

PATTERSON, Charles. *Un éternel Treblinka.* Paris : Calmann-Lévy, 2008 [2002].

PELLUCHON, Corine. *Manifeste animaliste; politiser la cause animale*. Paris: Alma, 2017.

PICQ, Pascal. *Nouvelle histoire de l'homme*. Paris: Tempus, 2007.

PIEAU, Laurence. *Tout le monde n'a pas la chance d'être vegan; petit manuel d'un véganisme pratique et pacifiste!*. Paris: HarperCollins France, 2020.

PORCHER, Jocelyne. *Bien-être animal et travail en élevage*. Paris: INRA, janvier 2004.

PORCHER, Jocelyne. *Cause animale, cause du capital.* Lormont: Le Bord de l'eau, 2019.

PORCHER, Jocelyne. « Demain, une agriculture sans élevage? ». In *Pour, la revue du groupe ruralités, éducation et politiques*, n° 231, 2016/3.

PORCHER, Jocelyne. *Éleveurs et animaux, réinventer le lien*. Paris: Presses Universitaires de France, 2002.

POULAIN, Jean-Pierre (dir.). *Dictionnaire des cultures alimentaires*. Paris: Presses Universitaires de France, 2018.

POULAIN, Jean-Pierre. *Sociologies de l'alimentation*. Paris: Presses Universitaires de France, 2017.

« Pour la santé ». *Vegan-pratique.fr*.

RAUDE, Jocelyn. *Sociologie d'une crise alimentaire, les consommateurs à l'épreuve de la maladie de la vache folle*. Paris: Lavoisier, 2008.

REGAN, Thomas. « Interview de Tom Regan ». In *Cahiers antispécistes*, n° 2, janvier 1992.

RICARD, Matthieu. *Plaidoyer pour les animaux*. Paris : Allary, 2014.

RICO, Lucie. *Le chant du poulet sous vide*. Paris : P.O.L, 2020.

REGAN, Tom. *Les droits des animaux*. Paris: Hermann, 2013.

ROGNON, Olivier. *Vers une société végane; après-demain, l'abolition*. Toulouse: Mélibée, 2018.

Rondot, Marine. « Les 10 bienfaits des graines de chia ». *Passeportsante.net*.

Rosanvallon, Pierre. *La société des égaux*. Paris: Seuil, 2011.

Rousseau, Jean-Jacques. *Discours sur l'origine et les fondements de l'inégalité parmi les hommes*. Paris: Flammarion, 2011.

Safran Foer, Jonathan. *Faut-il manger des animaux ?*. Paris: l'Olivier, 2011.

Schweitzer, Louis. *Faut-il arrêter de manger de la viande ? Pour les Nuls ça fait débat !*. Paris: First, 2020.

Segal, Jérôme. *Animal radical; histoire et sociologie de l'antispécisme*. Québec: Lux, 2020.

Singer, Peter. *La libération animale*. Paris: Payot, 2012.

Sorente, Isabelle. *180 jours*. Paris : JC Lattès, 2013.

Stanziani, Alessandro (dir.). *La qualité des produits en France, XVIIIe-XXe siècles*. Paris: Belin, 2003.

Stoltz, Cédric. *De l'humanisme à l'antispécisme ; le XXIe siècle est celui des animaux*. Montréal : Ovadia, 2019.

Sugy, Paul. *L'extinction de l'homme; le projet fou des antispécistes*. Paris: Tallandier, 2021.

Terroy, Maëva. « 3 manières de cuisiner les graines de chia ». *Saveurs-magazine.fr*.

Tocqueville, Alexis de. *De la démocratie en Amérique II*. Paris: Flammarion, 1981.

Valognes, Aurélie. *Le loup qui préférait les carottes*. Paris : Michel Lafon, 2020.

Vincent, Catherine. « Climat: les nouveaux récits de l'écologie ». *Le Monde*, 3 janvier 2019.

Watson, Donald. « *The vegan news* ». In *Quarterly Magazine of the Non-Dairy Vegetarians*, n° 1, novembre 1944.

Wilson, Bee. « Why we fell for clean eating ». *The Guardian*, 11 août 2017.

Wolff, Francis. « Des conséquences morales et juridiques de l'inexistence de l'animal ». In *Pouvoirs*, n° 131, 2009/4.

Wolff, Francis. *Trois utopies contemporaines*. Paris : Fayard, 2017.

XERFI. « Le marché de l'alimentation végétarienne et végane », mars 2020.

Xie, Jianping, Sreenivasan, Sameet, Korniss, Gyorgy, et al. « Social consensus through the influence of committed minorities ». *Physical Review E*, 84, 011130, 22 juillet 2011.

Yzèbe, Gwendoline. *Vivre végane*. Paris : Le Livre de Poche, 2019.

Ze Marmotte Warrior. « ALF : Le Credo ». *Alf-france.over-blog.org*, 23 juillet 2007.

Table des matières

Pour limiter l'empreinte environnementale
de leurs livres, les éditions de l'Aube
font le choix de papiers issus de forêts
durablement gérées et de sources contrôlées.

Achevé d'imprimer en février 2022
par l'imprimerie CPI Firmin Didot
pour le compte des éditions de l'Aube
331, rue Amédée-Giniès, F-84240 La Tour d'Aigues

Numéro d'édition : 4636
Dépôt légal : mars 2022
Numéro d'impression : 168665

Imprimé en France